När mörkret slår till

Samhället faller snabbare än du tror

Varför jag skrev denna bok

Jag heter Johan Falk, och under flera år har jag ägnat mig åt att sprida kunskap om hemberedskap och grannsamverkan i kris. Tidigare har jag skrivit tre böcker som fokuserat på insikter kring hemberedskap, hur man kan bygga upp sin egen krisberedskap och hur vi tillsammans kan stärka våra bostadsrättsföreningar genom grannsamverkan.

Men ju mer jag arbetat med ämnet, desto tydligare har det blivit att en viktig del saknas i den offentliga diskussionen om krisberedskap. Vi får höra att vi ska klara oss själva i minst sju dygn, enligt myndigheternas krav. Men hur ser dessa sju dygn egentligen ut?

Hur påverkas en helt oförberedd person av att elen och vattnet plötsligt försvinner?

Hur hanterar en person med viss beredskap sin situation och när börjar även den förberedde känna sig pressad?

Vilka blir de största utmaningarna? Är det bristen på mat och vatten, eller är det den mentala påfrestningen av ovisshet, ensamhet och stress?

Den här boken är mitt försök att ge en mer realistisk bild av hur en krissituation faktiskt kan te sig, timme för timme, dag för dag. I stället för att bara ge råd om vad du borde ha hemma, vill jag ta dig med in i berättelser om tre olika människor – alla på olika nivåer av krisberedskap.

Lisa, som är helt oförberedd och tror att samhället snabbt kommer lösa allt åt henne.

Johan, som har en viss beredskap men inser att den är otillräcklig.

Kerstin, som har följt myndigheternas riktlinjer men får ett uppvaknande när hon ser hur samhället omkring henne bryts ner.

Vad händer med dem när det första dygnet övergår i ett andra? När paniken sprider sig? När kylan tränger sig på? När maten börjar ta slut?

Den här boken är inte en traditionell guidebok, utan en berättelse som ger dig en djupare förståelse för vad en verklig kris innebär.

Målet är att väcka nya insikter

För vi kan prata om hemberedskap hur mycket som helst, men det är först när vi sätter oss själva i dessa människors skor som vi verkligen förstår vad det innebär att vara oförberedd, delvis förberedd eller helt förberedd. Och den största frågan du behöver ställa dig efter att ha läst denna bok är:

Vem av dessa tre personer är du?

Och kanske ännu viktigare...

Vem vill du vara när krisen kommer?

Johan Falk
HemmaBeredskapscoach

När mörkret slår till

Samhället faller snabbare än du tror

Johan Falk

Tidigare böcker i serien

När krisen knackar på – Vem tar ansvar när samhället inte räcker till?

Barnens guide till hemberedskap – Hjältarna i bostadsområdet, när barn leder vägen

Vem vill du vara när nästa kris kommer? – Ditt val idag avgör din trygghet i morgon

Illustration: Johan Falk

Förlag: BoD · Books on Demand, Östermalmstorg 1, 114 42 Stockholm, Sverige, bod@bod.se
Tryck: Libri Plureos GmbH, Friedensallee 273, 22763 Hamburg, Tyskland

ISBN: **978-91-8080-788-3**

När mörkret slår till
Samhället faller snabbare än du tror

Vi lever i en trygg bubbla. En värld där vatten rinner ur kranen när vi vrider på den, där kylskåpet håller maten fräsch och där vi kan tända en lampa i mörkret utan att ens tänka på det. Vi tar det för givet – tills det en dag tar slut. När elen försvinner och vattnet slutar rinna börjar nedräkningen. Hur länge klarar du dig?

Många tror att hjälpen är runt hörnet, att kommunen, staten eller någon annan kommer lösa problemet åt dem. Men den brutala sanningen är att ingen kommer, åtminstone inte på flera dagar, kanske veckor.

Du är ensam. Och ensam är svag

Samhället har gjort oss beroende, skapat en falsk trygghet där vi förlitar oss på att någon annan tar ansvar. Men när mörkret slår till och kaoset sprider sig, kommer du då att vara den som ber om hjälp – eller den som andra vänder sig till?

Den här boken är inte en teori om vad som kan hända. Det är en spegel av verkligheten. Vi följer tre personer, alla på olika nivåer av beredskap, när de tvingas hantera en kris där både vatten och el slås ut samtidigt.

**Och den viktigaste frågan är
Vem är du?**

Du kan blunda för verkligheten, hoppas att allt löser sig, fortsätta leva i illusionen om att samhället alltid kommer att skydda dig. Eller så kan du vakna upp nu. För i slutändan är det inte myndigheterna som kommer att rädda dig – det är din granne. Eller så är det du som är den granne som räddar någon annan.

Men bara om du är redo

Vi kallar det för

Grannsamverkan i kris

Prolog
När mörkret slår till

03:17 – Explosionen som förändrar allt

Novembernatten ligger tung över staden. Temperaturen har sjunkit under nollstrecket, och fukten i luften får trottoarerna att glimra svagt i skenet från gatlamporna. I några fönster lyser skärmar från nattugglor som ännu inte gått och lagt sig. Andra ligger vakna i mörkret, stirrar på taket, väntar på sömnen.

Då kommer den första explosionen

BOOM

Det är ett dovt, mullerliknande ljud, djupt under marken. En stötvåg rör sig genom betongen, letar sig upp genom ledningarna, får fönsterrutor att vibrera svagt. De som hör det tänker först att det är ett avlägset åskmuller – eller kanske en lastbil som tappat sin last. Men där nere i det underjordiska kontrollrummet är det ingen som misstar sig.

Lampor blinkar rött. Ett högt pipande larm skär genom den kalla betongen. På skärmarna flimrar data som om systemet kämpar för att förstå vad som händer. Sedan, en efter en, släcks de.

Pumpstationen är utslagen

03:18 – Vattenförsörjningen dör

Under marken forsar nu tusentals liter vatten ut i ingenting. Sprängladdningen har precisionsplacerats för att maximera skadan – rörledningar är skurna, ventiler är bortsprängda. Systemet har ingen redundans för detta. Reservkraften försöker starta men misslyckas. Det behövs el för att bygga upp trycket i rören, men utan el kan inget vatten pumpas ut. På ett ögonblick har stadens hela vattenförsörjning upphört. Men ovanför, i den sovande staden, märker ingen någonting än.

03:19 – En knapptryckning

Långt bort, i en nedsläckt lagerlokal, sitter en person vid en laptop. I skenet från skärmen reflekteras ett ansikte som förblir uttryckslöst. Den sista kommandoraden är redan skriven. Det enda som krävs nu är en knapptryckning. Fingret vilar över tangenten. Ingen brådska, ingen tvekan.

ENTER

03:20 – Mörkret faller

I samma sekund går elen ner i hela staden. Ljuset i lägenheter och villor slocknar. Gatlyktor dör. Transformatorstationer kopplas ur som dominobrickor – en efter en, tills hela landsändan är kolsvart. På sjukhuset går reservkraften i gång. Men den är inte byggd för att hålla i veckor. I kontrollrummet för energibolaget stirrar nattpersonalen på sina skärmar.

Alla system är nere

"Vad fan är det som händer?" Någon försöker ringa vidare, linjen är redan upptagen.

03:21 – Tystnaden

De första minuterna är det ingen som förstår omfattningen. En kvinna vaknar och suckar. Sängen är kall. En man kliver upp för att gå på toaletten. Han trycker på spolknappen, men ingenting händer. En småbarnsfamilj sover vidare, ovetande om att kylen och frysen har slutat fungera. Ett nattöppet café står plötsligt utan ström. Kassapersonalen stirrar på den svarta skärmen. En av dem sträcker sig instinktivt efter mobilen – men utan wifi fungerar ingenting.

På ett nattskift någonstans i staden försöker en arbetare tända ficklampan i mobilen. Batteriet är på 8%. De första minuterna av mörker är förvillande lugna. Men det är bara lugnet före stormen.

07:12 – Staden vaknar

Det är den stunden då de flesta börjar förstå att något är fel. Människor vaknar och sträcker sig automatiskt efter mobilen för att kolla klockan – men flera enheter har redan laddat ur under natten. En kvinna kliver upp, huttrar till och rynkar pannan. Elementen är kalla. Hon suckar, går ut i köket och trycker på kaffebryggaren. Ingenting händer. "Ett strömavbrott", tänker hon. "Det går nog över snart." Hon går vidare till badrummet, vrider på kranen. Inte en droppe vatten kommer ut. Hon stirrar på vasken, väntar, vrider på kranen igen, ingenting.

Den första rädslan kryper in i hennes kropp. Hon går ut i trapphuset, där hon möter sin granne. "Har ni vatten?" Grannen skakar på huvudet. "Nej. Och ingen el heller." På gatan börjar människor samlas. Flera står och fumlar med sina bilnycklar – garagen har elektroniska portar och går inte att öppna. På en närbutik några kvarter bort stirrar en anställd på kassasystemet, skärmen är svart. Kunderna börjar banka på rutan. "Hur länge varar det här?" frågar någon. "Ingen aning," svarar en annan. Någon försöker logga in på kommunens hemsida för information – men inget laddar. Andra ringer 112, men får beskedet att de bara hanterar akuta ärenden. Den första timmen av ovisshet fylls av en förlamande väntan. Men snart förvandlas väntan till panik.

När insikten slår till

I hela staden sitter tusentals människor och stirrar på tomma skärmar och tysta kök. Ingen information. Ingen el. Inget vatten. Och det värsta av allt – ingen lösning i sikte. De flesta tänker fortfarande att det här är tillfälligt. Men de har fel. Den här gången är det annorlunda.

07:15 – En tyst katastrof

I en stad där inget längre fungerar är det största problemet tystnaden. Det finns ingen varningssignal, inget automatiskt nödlarm, ingen röst i radion som berättar vad som har hänt. För de flesta invånare känns det fortfarande som ett ovanligt stort elavbrott, något som kommunen säkert jobbar på att lösa. Det är ju det vi är vana vid – att någon alltid har en plan. Men i stadshuset är planen fortfarande oklar.

07:25 – Krisen når kommunhuset

Den första tjänstemannen kliver in genom entrédörrarna till kommunhuset och märker direkt att något är fel. Det är kallt. Hela byggnaden är mörk. Telefonerna ligger tysta på skrivborden. "Har vi inget reservsystem?" frågar någon. "Jo, men den startar inte. Förmodligen bränsleproblem i reservaggregatet." Sakta börjar fler anlända. Enhetschefer, administratörer, personal från tekniska kontoret. Alla tittar på varandra. Vem tar beslut nu? Ordföranden i kommunstyrelsen törsöker få fram någon form av information.

"Ring energibolaget"

"Deras växel ligger nere"

"Vattenverket då?"

"Ingen kontakt där heller"

Det som borde vara en självklart samordnad insats är i stället ett vakuum av frågor. Vem ansvarar för vad? Är detta ett olyckligt sammanträffande – eller sabotage? Ska vi utlysa kris eller vänta in mer information?

Kommunens säkerhetsansvarige försöker starta upp en samordningscentral, men utan el och fungerande nätverk finns det inga system att använda.

"Vi måste prata med länsstyrelsen," säger någon. "Funkar ens våra kommunikationsvägar?"

Tystnad

07:45 – Myndigheterna famlar i mörkret

På Regionens krisenhet börjar de första rapporterna komma in. "Det verkar vara ett större elavbrott." "Och vattnet?" "Oklart.

Vi har bara sporadisk kontakt med kommunerna." I en annan del av landet, på en av MSB:s kriscentraler, sitter analytiker och försöker samla information. Men utan stabila nätverk och fungerande rapporteringssystem tar varje minut dubbelt så lång tid.

Vem ska de informera först?

Är detta en nationell fråga eller en lokal händelse? Vad vet Försvarsmakten? Polisen? Energimyndigheten? Just nu vet ingen någonting – och i den förvirringen skjuts beslut på framtiden.

08:10 – Ingen information till allmänheten

I hela staden börjar människor bli rastlösa. Folk går ut på gatorna för att få svar, men ingen vet mer än någon annan. Vid busshållplatser står resenärer och väntar. Inga bussar kommer. I butiker börjar folk fylla sina kundkorgar, men kortterminalerna fungerar inte. "Det måste finnas information någonstans?" Men det gör det inte. Den lokala radiostationen är helt tyst.

Kommunens Facebooksida – nere

Nyheterna? Ingen uppdatering

De flesta väntar fortfarande. Det här löser sig snart. Men i stadshuset har fortfarande ingen tagit ett konkret beslut.

08:45 – Den första riktiga paniken

Ambulansen kan inte hämta en äldre patient – alla digitala journalsystem ligger nere. På ett äldreboende börjar personalen oroa sig – de kan inte laga mat utan el. I en livsmedelsbutik har kunderna börjat skrika på personalen – "Vi måste få handla, vi har barn hemma!" Kommunens trygghetscentral blir nedringd – men har inga svar att ge. "Ska vi kalla in krisledningsgruppen?" frågar en tjänsteman. "Ja... men vi har ingen lokal att samlas i där vi kan jobba digitalt." "Då får vi ta det manuellt." Men ingen är beredd på att hantera detta manuellt.

15:00 – Medborgarna börjar agera på egen hand

För första gången börjar människor förstå att ingen har kontroll. Någon i ett bostadsområde knackar på hos sin granne och frågar "Hur har ni det? Har ni vatten?" En butikschef tar ett beslut: "Släpp in folk. De får ta vad de behöver och vi noterar det manuellt." Ett vårdboende skickar personal ut i staden för att försöka få tag på mat och vatten till de äldre. Folk börjar gå från passiv väntan till att själva försöka lösa sin situation. Och det är här den verkliga faran börjar – inte elavbrottet i sig, utan människors reaktion på det.

Ett samhälle utan ledning

El och vatten är borta, myndigheterna famlar i mörkret, ingen information ges ut. Och mitt i allt detta står de vanliga människorna – Lisa, Johan och Kerstin – och försöker förstå vad som händer. Några timmar har gått. Ovissheten börjar krypa in. Och för första gången inser folk att det kanske inte löser sig idag.

När mörkret slår till

Dag 1

Lisa – Krisnivå 0
"Det här kan inte vara på riktigt"

Lisa vaknade med ett ryck. Det var kallt i rummet. Hon låg kvar en stund och drog täcket tätare omkring sig. Det var fortfarande tidigt, ljuset utanför fönstret var grått och blekt, precis som alla andra novembermorgnar. Hon sträckte sig efter mobilen på nattduksbordet för att kolla klockan. Skärmen var svart.

Förvirrat tryckte hon på knappen. Ingenting hände.

Hon blinkade. Hade hon glömt att sätta i laddaren? Hon grävde under kudden där sladden låg, men när hon kände efter insåg hon att den satt ordentligt i, telefonen borde ha laddats under natten. Det var konstigt, men hon var för trött för att oroa sig. Med en suck satte hon sig upp i sängen, drog på sig sin morgonrock och gick ut i köket. Kanske var det bara något fel med kontakten. Hon tryckte på knappen till kaffebryggaren. Ingenting hände. Hennes panna veckades. Kaffemaskinen var helt död. Inte ens den lilla lampan som visade att den var i standby-läge lyste. Hon såg sig omkring i köket. Mikron var släckt. Klockan på spisen stod stilla.

Elavbrott

Lisa rynkade pannan och drog morgonrocken tätare omkring sig. Hon suckade. Visst, det hände ibland. Kanske kommunen höll på med något elarbete eller så var det bara en vanlig driftstörning. Hon vände sig om och gick in i badrummet, kanske kunde hon i alla fall tvätta av sig lite i ansiktet, så skulle hon piggna till. Hon vred på kranen.

Ingenting

Hon stirrade på den torra vasken. Väntade några sekunder. Hon vred om kranen igen, den här gången hårdare, som om det skulle få vattnet att förstå att det borde rinna.

Fortfarande ingenting

Ett stick av obehag kröp upp längs ryggen. Elavbrott var en sak. Men inget vatten? Hon gick tillbaka till köket och försökte slå på radion. Tystnad. Lisa började känna en vag irritation. Vad i helvete var det som hände?

07:30 – Förvirring och första oron

Hon gick fram till fönstret och kikade ut. På innergården stod ovanligt många människor ute och pratade. Det var inte som en vanlig morgon, där folk tyst skyndade iväg till jobbet. Nej, det här var något annat. Folk stod i klungor, pratade med låga röster, rynkade pannorna. Lisa gick tillbaka in i sovrummet och drog på sig ett par mjukisbyxor och en varm tröja. Hon behövde få veta vad som pågick. När hon öppnade dörren och klev ut i trapphuset möttes hon av oroade röster. "Har ni el?" frågade en äldre kvinna från tredje våningen. "Nej," svarade en ung man längre ner i trappen. "Och inget vatten heller." Lisa svalde. Det var alltså inte bara hennes lägenhet. "Har någon fått tag på kommunen?" frågade en annan granne. "Nej, deras hemsida är nere."

Lisa rynkade pannan

Det var konstigt. Visst, strömavbrott kunde hända, men att både elen och vattnet försvann? Och att kommunen inte gav någon information? Det kändes... fel.

08:30 – Butiken och den första paniken

Lisa bestämde sig för att gå till butiken vid torget. Hon behövde köpa kaffe, några batterier och kanske ett par vattenflaskor – bara för säkerhets skull. Men när hon kom runt hörnet frös hon, kön ringlade sig lång utanför butiken.

Hon såg människor stå med armarna i kors, pratandes lågmält med varandra. Några hade sina mobiler framme, som om de försökte få fram nyheter. När hon närmade sig hörde hon rösterna. De lät annorlunda än vanligt.

"...men hur länge kommer det här hålla i sig?"

"...kortmaskinerna funkar inte..."

"...vi måste ju få handla!"

Lisa gick fram till butiksdörren och kikade in genom fönstret. Personalen såg lika stressad ut som kunderna. "Vi kan inte ta kortbetalningar," hörde hon en av de anställda säga.

"Vad menar du?" "Kortmaskinerna funkar inte. Vi kan bara ta kontanter." Lisa stack ner handen i fickan. Hon hade tjugo kronor och några mynt. Hon stirrade på den lilla sedeln. Tjugo kronor. Vad fan får jag för tjugo kronor? Hon började känna ett tryck i bröstet. Butiken var fortfarande öppen, men folk började se stressade ut. Några plockade på sig mer än de behövde. Lisa kände att hon inte ville vara där längre. Hon vände sig om och gick snabbt hemåt.

18:00 – Ensam i mörkret

När kvällen föll blev det ännu värre. Lisa insåg att hon inte hade några fungerande ljuskällor. Hennes ficklampa låg i kökslådan, men batterierna var slut. Hon hade inget värmeljus, ingen nödlampa, ingenting. När solen gick ner blev lägenheten svart. Hon kunde höra svaga röster från gatan, men de kändes långt borta. Hon drog en filt tätare omkring sig och kände hur kylan började krypa närmare.

22:00 – Att försöka somna i en död stad

Lisa låg i sin säng, inlindad i en filt. Mörkret var kompakt. Det var en sak att förlora elen under dagen, men nu var det kväll, och det fanns ingenting som bröt mörkret.

Ingen gatubelysning

Ingen lysande digital klocka vid sängen. Ingen skärm som gav ifrån sig ett svagt ljus i bakgrunden. Hon låg och lyssnade på tystnaden.

Det var för tyst

Vanligtvis hörde hon ett svagt brummande från kylskåpet, eller ljudet av någon granne som tittade på tv. Nu var det ingenting. Långt bort hörde hon ljudet av en bil som långsamt rullade fram på gatan. Hon vred sig i sängen och drog filten tätare om sig. Hur länge kommer det här hålla i sig?

Kommer elen tillbaka imorgon?

Och vad händer om den inte gör det? Hon stirrade upp i mörkret. Hon hade aldrig tidigare känt sig så ensam.

Johan – Krisnivå 1
"Jag klarar mig. Men hur länge?"

Johan vaknade av en isande kyla i rummet. Han drog täcket tätare omkring sig och kisade mot klockradion på nattduksbordet, displayen var släckt.

Strömavbrott

Han satte sig långsamt upp i sängen och rynkade pannan. Klockradion fungerade alltid, även under vanliga strömavbrott. Batteribackupen borde ha tagit över. Han sträckte sig efter mobilen, tryckte på skärmen, men ingenting hände. Den var död. Förvirrat grävde han i sängbordslådan efter sin powerbank, kopplade in mobilen och väntade på att den skulle starta. Ingenting. Nu började en gnagande känsla krypa in. Han slängde av sig täcket, drog på sig en hoodie och gick ut i köket. Allt var tyst. För tyst. Han tryckte på kaffebryggaren. Inget hände. Mikron var släckt. Klockan på spisen var svart. Johan gick vidare till badrummet och vred på kranen.

Inte en droppe

Hans hand låg kvar på handtaget. Han stirrade på vasken. Inget vatten.

Hans första instinkt var att vrida om kranen igen, som om det bara var en tillfällig fördröjning. Men inget hände. Elavbrott och inget vatten? Det var inte normalt.

07:30 – Förvirring och första insikten

Johan stod kvar en stund vid vasken. Vattnet borde rinna. När det var strömavbrott fungerade vattnet alltid. Det här var något annat. Han gick tillbaka till köket och öppnade skafferiet. Han var bättre förberedd än de flesta. På en av hyllorna stod fyra vattenflaskor och två fyllda dunkar. Han skruvade av locket på en av flaskorna och tog en klunk. Han hade vatten. Det var inte mycket, men tillräckligt för några dagar om han ransonerade. Han satte sig vid köksbordet och försökte få igång radion. Tystnad. Hans batteridrivna nödradio stod längst in i en låda. Han tog fram den och vred på frekvensen. Inga nyhetssändningar. Inget meddelande från kommunen. Det var det första riktiga tecknet på att det här var större än ett vanligt avbrott.

Elbortfall

Vattenbortfall

Ingen information

Något stämde inte

08:30 – En tur till butiken

Han bestämde sig för att gå ut och se hur andra reagerade. Ute i trapphuset mötte han flera grannar, de stod och pratade, vissa såg bekymrade ut. "Har någon hört något?" frågade en äldre man från tredje våningen. "Nej," svarade en kvinna. "Kommunens hemsida fungerar inte." Johan lyssnade tyst. Folk började bli oroliga. Han tog på sig jackan och gick mot den lilla matbutiken vid torget. När han närmade sig såg han att kön redan ringlade sig lång. Människor stod tätt ihop och pratade lågmält. Stämningen var spänd. Han gick närmare och hörde rösterna:

"Kortmaskinerna fungerar inte."

"Hur fan ska vi kunna handla då?"

"Vi tar bara kontanter," sa en av kassörskorna.

Johan stack handen i fickan. Han hade inga kontanter. Han såg sig omkring. Människor började se stressade ut. Några plockade på sig varor utan att ens kolla priserna. Det här var bara första dagen – och folk började redan få panik. Han vände sig om och gick därifrån.

18:00 – Ensam i mörkret

När han kom tillbaka till lägenheten kändes den ännu kallare än på morgonen. Han tog fram sitt stormkök och tände gasen. På några minuter hade han kokat upp vatten till snabbkaffe. Han tog en klunk och stirrade ut genom fönstret. Vad händer i resten av staden? Fler människor var ute på gatorna. Vissa bar vattenflaskor. Andra stod i små grupper och pratade. Han såg en man bära en stor dunk med vatten. Vart hade han fått tag på den? Han insåg att de som var helt oförberedda snart skulle börja leta efter lösningar. Han lutade sig tillbaka i stolen.

Han hade en plan. Men var den tillräcklig?

22:00 – Mörkret är kompakt

Johan kröp ihop under sin filt och tände en liten ficklampa, lägenheten var kolsvart. Det fanns inga ljus utanför fönstret, ingen gatubelysning. Ingen elektricitet någonstans. Han låg stilla och lyssnade, det var för tyst. Inga tv-apparater som brusade, inga kylskåp som surrade. Inga bilar som körde förbi. Bara en kompakt tystnad. Långt bort hörde han en hund skälla.

Han blundade

Imorgon skulle det bli värre

Kerstin – Krisnivå 2
"Nu börjar spelet på riktigt"

Kerstin vaknade av att det var kallare än vanligt i lägenheten. Hon drog täcket tätare omkring sig och kisade mot fönstret. Det gråa novemberljuset smög sig in genom persiennerna, men det var något annorlunda med den här morgonen. Hon sträckte sig efter mobilen på nattduksbordet för att kolla klockan, men när hon tryckte på skärmen hände ingenting. Batteriet kunde inte vara slut. Hon hade laddat den under natten. Hon rynkade pannan och satte sig långsamt upp i sängen. Det kändes obehagligt. Hon vände blicken mot den lilla digitala klockan vid sängen. Släckt. Hon drog undan täcket och satte fötterna på det kalla golvet. Hon gick ut i köket, där hon automatiskt tryckte på kaffebryggaren. Ingen reaktion. Hon tittade sig omkring. Spisens display var mörk, mikrovågsugnen lika så. Hon gick vidare till badrummet och vred på kranen.

Inte en droppe vatten

Hon stod helt stilla. Elavbrott och inget vatten? Det var inte normalt.

07:30 – Snabba åtgärder och första insikten

Kerstin var inte den som lät sig överraskas av en sådan här situation. Hon tog ett djupt andetag, lät inte paniken ta över. Hon gick direkt till sitt skafferi och öppnade dörren. Hon hade mat. Sedan gick hon till städskrubben där hon förvarade sina fyllda vattendunkar. Hon skruvade av korken på en och fyllde ett glas. Hon var inte törstig, men hon ville känna tryggheten i att ha kontroll över sin situation.

Vattnet rann kallt ner i halsen

Hon hade vatten. Hon gick tillbaka till köket, tände en tändsticka och satte lågan mot en liten gasbrännare på sitt stormkök. Inom några minuter hade hon en kopp varm kaffe i händerna. När hon tog den första klunken kände hon sig lugn. Men så snart lugnet lade sig kom nästa insikt: Hur många andra i huset hade förberett sig?

08:30 – Första mötet med grannarna

Kerstin tog på sig jackan och gick ut i trapphuset, ljudet av dämpade samtal ekade mellan väggarna. Hon såg hur flera grannar stod samlade i små grupper, viskade och rynkade pannorna. "Vet någon vad som händer?" frågade en kvinna från våningen ovanför. "Ingen aning," svarade en äldre man. "Men både elen och vattnet är borta." "Har någon fått tag på kommunen?" frågade en yngre man. "Nej," sa en kvinna med armarna i kors. "Hemsidan funkar inte."

Kerstin lyssnade, men sa inget

Hon såg det tydligt: De var alla förvirrade, ingen hade någon plan. De väntade på att någon annan skulle lösa problemet. Hon kände ett lätt obehag i magen, vad skulle de göra när insikten slog dem att ingen hjälp var på väg?

08:45 – Butiken och den första paniken

Kerstin gick ut på gatan, det var redan fler människor i rörelse än vanligt. Hon såg hur folk rörde sig mot torget och bestämde sig för att följa efter. När hon svängde runt hörnet fick hon en första blick på den långa kön utanför den lilla matbutiken.

Människor var oroliga. Hon stannade en bit bort och observerade. Hon hörde hur någon ropade:

"Kortmaskinerna funkar inte!"

"Men vi måste ju få handla!"

”Vi tar bara kontanter,” sa en stressad butiksanställd.

Kerstin kände en isande känsla i magen, det hade börjat. Folk började förstå att de saknade resurser. Hon såg en man fylla sin korg med flaskor och konserver, en kvinna grävde febrilt i sin plånbok och skakade på huvudet. Kerstin vände sig om och gick hemåt, hon behövde inte stå där. Hon hade redan allt hon behövde, men hon visste att de andra inte hade det.

18:00 – Ensam i mörkret

När kvällen föll kände Kerstin en annorlunda känsla i lägenheten. Hon var van vid att höra ljud utifrån, bilar som körde på gatan, dova ljud från tv-apparater i grannlägenheterna.

Men nu var allt tyst

Hon tände ett litet värmeljus och satte sig vid köksbordet. Hon såg ut genom fönstret. Det var mörkt. Inga gatlyktor. Ingen trafik. Bara tystnad. Hon tog en klunk vatten och lutade sig tillbaka.

Hon visste att hon klarade sig en vecka. Men vad hände sedan? Och vad skulle alla andra göra när de började förstå att det här inte var över imorgon?

22:00 – Insikten och nattens kyla

Kerstin låg på soffan, inlindad i en tjock filt, det var kallare nu. Mörkret var kompakt, hon hörde ingenting. Vanligtvis brukade hon höra kylskåpets svaga brummande, nu var det dödstyst. Hon slöt ögonen och lät tankarna vandra.

Imorgon skulle paniken växa

Folk skulle börja leta efter lösningar och hon skulle behöva hålla sig i bakgrunden, låta dem inse att det här var på riktigt. Hon tog ett djupt andetag och drog filten tätare om sig. Det här var bara början.

Summering av dag 1
När verkligheten börjar sjunka in

Det första dygnet har passerat, och våra tre personer – Lisa, Johan och Kerstin – har alla fått sina första stora insikter om hur sårbart deras liv egentligen är.

El och vatten är borta

Ingen information finns att få

Samhället visar redan tecken på att hamna i kaos

Men hur de upplever och hanterar krisen är helt olika, beroende på deras förberedelser och inställning.

Lisa (Krisnivå 0)
Chock och beroende av andra

För Lisa var den första dagen ett uppvaknande hon inte var redo för, hon började dagen med att vara irriterad och förvirrad, men när timmarna gick blev det tydligare hur utsatt hon faktiskt var.

Hon hade inget vattenförråd

Hon hade ingen mat utöver det som fanns i kylen

Hon hade ingen krisplan – hon litade på att samhället skulle lösa det åt henne

Hennes besök i butiken visade henne hur snabbt en situation kan förändras.

Reflektion: Lisa trodde att någon skulle lösa problemet åt henne, men insåg snabbt att hon var ensam med sitt problem. Hon gick till sängs hungrig, kall och orolig och utan någon egentlig plan.

Lärdom: Att vara helt oförberedd gör dig direkt beroende av andra – och det är farligt i en kris.

Johan (Krisnivå 1)
Trygg i början, men med en gnagande oro

Johan började dagen självsäkert. Han hade vatten, lite mat och ett stormkök. Han kände sig mer redo än de flesta.

Men när han såg hur andra började få panik, började även han ifrågasätta hur länge hans beredskap egentligen skulle räcka.

Hans vattenförråd var litet – några dagar max

Hans matförråd var okej – men han hade ingen riktig plan

Hans batterier och powerbank var laddade – men vad händer när de tar slut?

Det största ögonblicket för Johan var när han insåg att han var ensam. Han kunde hantera några dagar, men sen då?

 Reflektion: Johan insåg att han hade gjort en del rätt – men inte tillräckligt. Han insåg också att ensamhet var en svaghet i en långvarig kris.

Lärdom: Att ha lite beredskap är bättre än ingen, men det räcker inte för en längre kris.

Kerstin (Krisnivå 2)
Lugn och strategisk, men med en ny insikt

Kerstin visste redan att något större var på gång när hon vaknade, hon hade vatten, mat och en plan. Hon visste att hon inte behövde stressa – men att andra snart skulle göra det. Under dagen observerade hon hur paniken sakta spreds.

Hon såg folk hamstra i butiken och förstå att de inte hade pengar

Hon hörde grannar som redan var oroliga.

Hon märkte att folk började knacka på dörrar för att be om hjälp, det var just den sista insikten som fastnade hos henne.

Reflektion: Kerstin trodde att en vecka av beredskap var tillräckligt – men insåg snabbt att om andra började lida redan dag 1, hur skulle dag 7 se ut?

Lärdom: Beredskap handlar inte bara om vad du har – utan om hur du hanterar andra i en kris.

Slutsatser från dag 1
Vad kan vi ta med oss?

Att vara på krisnivå 0 är en direkt fara

Lisa insåg snabbt att hon var beroende av andra – en farlig situation i en kris. Att inte ens ha vatten för en dag gör att du omedelbart hamnar i problem.

Att vara "lite förberedd" räcker inte i längden

Johan kände sig lugn de första timmarna, men började snart förstå att hans förråd inte skulle räcka länge. Att klara sig 2–3 dagar ger en falsk trygghet.

Att ha 7 dagars beredskap är bra – men kriser påverkar även andra

Kerstin hade planerat för sig själv, men såg hur grannarna redan dag 1 började be om hjälp. Att tänka enbart på sin egen överlevnad är inte en hållbar strategi i en längre kris.

Den största lärdomen?

Krisberedskap handlar inte bara om dig – den handlar om hur vi påverkas tillsammans.

Det är lätt att tro att samhället löser allt – tills du står där utan vatten, el och information.

Att ha en plan innan krisen slår till gör hela skillnaden.

Läget i samhället efter första dygnet
När mörkret lägger sig

Efter 24 timmar utan el och vatten har samhället redan börjat visa sprickor. De första timmarna präglades av förvirring, men nu har den första chocken börjat lägga sig – och ersätts av osäkerhet och frustration. Ingen information har ännu nått allmänheten. Många har fortfarande hopp om att allt snart är över – men tvivlen växer. Redan nu börjar små tecken på desperation synas. Och nu, när det första dygnet övergår i natt, ser vi hur samhället långsamt börjar glida mot en djupare kris.

18:00 – Kvällens mörker blir en ny prövning

När solen går ner, försvinner allt ljus. Gatlyktor fungerar inte. Husen ligger mörka. Bilar med strålkastarna på blir de enda ljuskällorna. I vanliga fall kan vi räkna med att staden lyser upp natten – men nu är allt svart. I fönster här och där syns ensamma ljuslågor. Några använder ficklampor, men många sitter bara i mörkret och väntar. För de som inte har ljus eller ficklampor börjar den psykiska påfrestningen.

Att vara ensam i mörkret, utan information, utan svar – det tär på människor. Någonstans i en trappuppgång gråter ett barn som är rädd, någon annanstans sitter en äldre person och fryser, utan att veta vad som händer.

20:00 – Hunger, törst och irritation växer

Kylskåpen börjar bli varmare, maten folk lagade dagen innan håller på att ta slut. Vattenförråden i hemmen minskar snabbt. Många har fortfarande inte börjat ransonera – de förstår inte att detta kan pågå längre. Men de som gjorde misstaget att vänta med att köpa vatten och mat tidigare under dagen har nu inget kvar. Butikerna är fortfarande öppna men har slut på kontanter och vägrar kreditköp. Folk börjar leta efter alternativa lösningar. Några fyller flaskor vid dricksvattenfontäner. Andra börjar knacka på hos grannar för att fråga om hjälp. Här föds den första vågen av desperation.

22:00 – Vem har vad?

När mörkret ligger tungt börjar människor observera sin omgivning på ett nytt sätt.

Vem har ljus?

Vem verkar ha mat?

Vem har vatten?

De som tidigare hade tillit till sina grannar börjar känna misstänksamhet. Den som knackade på och bad om hjälp men fick ett nej kommer ihåg det. Och den som har resurser börjar förstå att andra kan få upp ögonen för det. Kerstin, som har vatten och mat för en vecka, stänger sina persienner för att inte dra uppmärksamhet till sig. Johan, som har batteridrivna lampor, börjar fundera på om han borde använda dem eller hålla en låg profil. Lisa, som är helt utan något, inser att hon snart måste göra något – men vad?

00:00 – En stad i tystnad

Det är först nu som de flesta inser hur annorlunda allt har blivit.

Det finns inga ljud

Inget brus från kylskåp

Inget avlägset surr från trafikljus

Ingen radio som står på i bakgrunden

Det enda som hörs är människor som viskar till varandra i mörkret. Och någonstans, långt bort i staden, hörs en hund skälla. Vad kan vi förvänta oss på Dag 2?

När mörkret slår till

Dag 2

När osäkerheten tar över
Kylan ligger kvar över staden när dag två gryr

Novembermorgonen är grå och rå, men något har förändrats. Det är inte längre bara ett strömavbrott. Det är något större, något mer omfattande. Det är den där stillheten, den där tystnaden. Gatorna ligger öde i gryningsljuset, men om man lyssnar noga kan man höra dämpade röster från människor som vaknar upp till en ny verklighet.

Fortfarande inget vatten

Fortfarande ingen el

Fortfarande inga svar

Någonstans i staden försöker en äldre man spola i toaletten, bara för att se vattnet stå kvar och röra sig långsamt i en stillastående cirkel. Han svär lågt, slår igen locket och går därifrån. En ung mamma försöker göra gröt åt sitt barn, men spisen fungerar inte. Hon ser ner på sin lilla son, känner paniken komma krypande. En äldre kvinna står vid sitt fönster och stirrar ut på gatan, hon väntar. Väntar på att någon ska säga något, göra något.

Men ingenting händer

Den första dagen präglades av chock och förvirring. Den andra dagen är något annat. Osäkerheten börjar ta över.

08:00 – Myndigheterna vaknar långsamt

I kommunhuset har krisledningen samlats runt ett långt bord. De har haft möten sedan sent igår kväll, men ingen vet riktigt vad de ska göra. På bordet ligger staplar med papper, telefoner som ingen kan använda och halvdruckna koppar kaffe som nu kallnat. Några av dem har inte sovit alls. Kommunchefen ser ut över rummet och försöker samla tankarna. "Vi måste få ut information till medborgarna," säger någon. "Men vi vet ju fortfarande inte exakt vad som hänt," svarar en annan.

Det är där problemet ligger

De vet inte vad de ska säga

Ingen vet exakt hur allvarlig situationen är. Är det ett sabotage? Är det en teknisk kollaps? Är det något annat?

Elen är borta

Vattnet är borta

Telekommunikationen är kraftigt störd

Men de har fortfarande ingen helhetsbild. Kommunchefen lutar sig fram och tar ett djupt andetag. "Folk kommer att börja få panik idag. Vi måste åtminstone ge dem något."

08:30 – De första livstecknen från myndigheterna

Radion sprakar till. En röst. En mänsklig röst. Den är svag och hackig, men den är där. "Detta är ett meddelande från kommunen... Vi har just nu ett omfattande el- och vattenavbrott som påverkar södra delen av Sverige... Vi arbetar aktivt för att lösa situationen... Vi ber alla att hålla sig lugna och att hushålla med sina resurser... "Sedan blir det tyst.

Lugna sig? Hushålla med resurser? Vad betyder det ens?

Medborgarna väntar på mer. På konkreta besked. På att någon ska tala om hur länge det här kommer att pågå, vad de ska göra, vart de kan vända sig. Men inget sådant kommer. Inga detaljer. Inga instruktioner. Bara en svävande uppmaning om att hålla sig lugn.

09:00 – En stad som börjar vakna i desperation

De första affischerna sätts upp vid kommunhusets entré och i centrum.

"Vattenutdelning planeras, mer information kommer."

"Kommunen arbetar aktivt med att lösa problemet."

"Hjälp varandra – grannsamverkan är viktig i en kris."

Men ingen vet när eller hur något ska ske. Och ingen vet om kommunen ens har en plan.

10:00 – Stressen sprider sig

Det är nu det börjar märkas på riktigt. Affärerna är i princip tömda. Folk har börjat slåss om de sista vattenflaskorna. Människor letar desperat efter någon form av information. På torget står en man och skriker. "VARFÖR FÅR VI INGA BESKED?"

Ingen kan svara honom

Samtidigt börjar folk knacka på hos sina grannar. "Har du vatten?" "Har du en laddad powerbank?" "Kan jag få låna några batterier?"

De som fortfarande tror att hjälpen är på väg tvekar. De delar ut det lilla de har.

Men de som har börjat förstå att detta kan ta tid drar sig undan.

12:00 – En ny sorts verklighet

På dag två börjar insikten sjunka in. Det här är inte en tillfällig störning. Det här är något annat, något större. Mat och vatten är plötsligt en hårdvaluta. De som igår skrattade åt dem som köpte extra flaskor börjar nu ångra sig, de som litade på att någon annan skulle fixa allt känner hur rädslan kryper in. Och för dem som varit förberedda kommer en annan insikt: Det spelar ingen roll hur mycket du har lagrat – om alla andra saknar något, så kommer de att behöva dig.

Vad händer nu?

När mörkret faller över staden för andra gången börjar en ny fas av krisen, de första små konflikterna har börjat uppstå. Människor börjar organisera sig, men utan tydliga ledare. Frustrationen växer – och med den osäkerheten.

Det som ännu inte har hänt, men som alla börjar frukta, är att de första desperata handlingarna snart kommer att ske.

Och mitt i detta kaos finns Lisa, Johan och Kerstin. De vaknar upp till en ny verklighet. Hur kommer de att hantera dag 2?

Kommer de att anpassa sig? Eller kommer de att brytas ner?

Lisa vaknade med en tung känsla i kroppen. Hon låg stilla under täcket och försökte ignorera den bitande kylan som svepte genom rummet. Hon ville inte öppna ögonen.

Kanske var allt normalt igen, kanske skulle hon höra det välbekanta bruset från kylskåpet, känna värmen från elementen och se det blåa skenet från sin digitala väckarklocka. Men när hon långsamt öppnade ögonen stirrade hon rakt in i mörkret, klockradion var fortfarande svart. Hon sträckte sig efter mobilen, tryckte på skärmen. Inget liv. Det var inte en dröm. Det här var på riktigt, hon slöt ögonen igen och försökte samla sig. Det skulle fixa sig. Det var bara en tillfällig kris. Ett större elavbrott, kanske en vattenläcka, men det var ingenting som inte kunde lösas.

Hon behövde bara ta sig till jobbet, där skulle allt vara som vanligt. Hon satte sig upp, huttrade till när fötterna mötte det kalla golvet och drog morgonrocken tätt omkring sig. Instinktivt gick hon ut i köket, sträckte sig efter vattenkranen och vred på den.

Inte en droppe

Hon stod där en lång stund, som om hon väntade på att verkligheten skulle förändras om hon bara lät handtaget vara vridet. Inget vatten, ingen el, ingen mobil. Hon svor lågt, kände ilskan bubbla upp, hur kunde det här fortfarande vara ett problem?

07:30 – Törsten gnager

Hon gick tillbaka in i sovrummet och letade efter vattenflaskan hon haft på nattygsbordet, hon skruvade av korken och tog en klunk. Nästan tom. Hon drack upp det sista, men det gjorde henne inte mindre törstig. Snarare mer.

Hon svalde hårt. Hon behövde vatten

Hon tänkte tillbaka på butiken igår – kön som ringlade sig lång, människorna som redan börjat få panik. Vad händer idag? Har de ens öppet? Nej, det var ingen idé att fundera, hon behövde ta sig till jobbet. Hon skyndade sig att byta om, tog sin döda mobil i fickan av ren vana och gick ut i trapphuset.

Det var ovanligt tyst. Hon brukade alltid höra ljud av tv-apparater och morgonradio från de andra lägenheterna, men nu var allt mörkt och stilla. Hennes mage kurrade, hon hade inte ätit något ordentligt sen igår. Men vad fanns det att göra? Hon skulle köpa något på vägen.

Om butikerna ens var öppna. hon försökte skaka av sig oron när hon klev ut på gatan.

08:00 – Bussarna går inte

Kylan bet i kinderna när hon drog upp halsduken. Hon gick mot busshållplatsen, där några människor redan stod och väntade. Bussen skulle komma när som helst, men minuterna gick, och ingen buss syntes till. Lisa såg sig omkring. Några av de andra började skruva på sig, titta frustrerat på sina mobiler – men de flesta var lika döda som hennes, en äldre man stod och trampade otåligt på platsen bredvid henne.

"Har du sett någon buss?" frågade hon försiktigt.

Han skakade på huvudet. "Jag gick förbi stationen tidigare. Helt tomt. Jag tror inte de går idag." Lisa stirrade på honom. Inte går? Hon sneglade upp mot skylten som brukade visa när nästa buss skulle komma, men den var svart. Hon kände sig dum som ens trodde att den skulle fungera, hur fan skulle hon ta sig till jobbet? Det var en timmes promenad dit. Kanske mer. Hon suckade, stoppade händerna i jackfickorna och började gå.

09:00 – En stad i förändring

Staden kändes annorlunda. Det var fortfarande tidigt, men fler människor än vanligt var ute. Och de rörde sig långsammare, som om de inte visste vart de skulle ta vägen. Hon passerade en liten matbutik och såg en handskriven lapp på dörren: "Stängt på obestämd tid p.g.a. strömavbrottet." Hon svalde hårt och gick vidare. Vid torget stod några människor i klungor och pratade lågmält. Deras ansikten var bekymrade, förvirrade. Utanför en uttagsautomat stod en man och tryckte frenetiskt på knapparna. "Helvete!" mumlade han för sig själv och sparkade frustrerat mot maskinen. Lisa vände bort blicken, hon ville inte stanna upp, ville inte tänka. Hon behövde bara komma fram till kontoret.

Där skulle allt vara normalt. Men när hon klev in genom dörrarna slog verkligheten emot henne som en vägg.

09:30 – Ett kontor utan funktion

Kontoret var tyst och mörkt. Det enda ljuset kom från de stora fönstren vid entrén, men längre in i byggnaden var det nästan becksvart. Hon stannade och såg sig omkring. Människor satt vid sina skrivbord och stirrade på sina svarta skärmar. Andra stod i små grupper, pratade dämpat.

"Vad gör vi ens här?" hörde hon någon mumla. Lisa gick sakta fram till sitt skrivbord. Hon tryckte på datorns startknapp. Ingenting hände. Hon lutade sig tillbaka i stolen. Hon visste inte vad hon hade väntat sig, men inte det här. Inte den här känslan av total hopplöshet, inga möten, inga mail, inga telefonsamtal.

Bara tystnad och väntan

10:00 – Vad gör vi nu?

Chefen gick runt mellan skrivborden, kliade sig i nacken. "Vi... vi får avvakta," sa han tillslut. "Vi kan inte jobba utan system, så vi får se vad kommunen säger." Se vad kommunen säger? Lisa såg sig omkring, ingen visste vad de skulle göra. Hon reste sig och gick mot köket, hon behövde något att dricka, men när hon öppnade skåpen såg hon bara tomma hyllor. Hon drog ett djupt andetag. Hon behövde vatten. Men det fanns inget vatten någonstans. Hon gick tillbaka till sitt skrivbord och sjönk ner i stolen, för första gången kände hon paniken krypa på riktigt.

18:00 – Promenaden hem

Dagen hade varit meningslös. Hon kände sig trött, smutsig, och framför allt – törstig. Promenaden hem kändes längre än på morgonen. Kroppen värkte, benen var tunga. Hon visste inte hur länge hon skulle klara sig så här. När hon kom in i sin lägenhet och mörkret började falla, kände hon den verkliga ensamheten. Hon var inte redo för det här. Hon ville bara att någon skulle fixa det.

Men ingen kom

Och den insikten var den värsta av alla.

Johan – Krisnivå 1
"Hur länge räcker det jag har?"

Johan vaknade med en tung känsla i bröstet. Han låg kvar i sängen, stirrade upp i taket och kände kylan krypa in genom väggarna, det var ännu kallare idag än igår. Han drog täcket tätare omkring sig och slöt ögonen igen, som om han kunde pressa verkligheten bortom medvetandet en stund till. Men han visste att det var lönlöst.

Det här var dag två, och inget hade förändrats.

Han vred sig om i sängen, drog handen genom håret och suckade djupt. Elen var fortfarande borta, vattnet rann fortfarande inte. Och han hade fortfarande inga svar.

07:30 – Frukost i ett nytt samhälle

Johan hasade sig upp ur sängen och gick ut i köket, där han öppnade skafferiet och synade innehållet. Hyllorna var inte tomma, men det var heller inget överflöd. Han tog fram en påse havregryn, ett halvtomt paket torrmjölk och en dunk vatten. Han fyllde en kastrull med en deciliter vatten från dunken och vred på gasen på stormköket. En svag blå låga fladdrade till liv när han tände tändstickan. Det här funkar, tänkte han. Men för hur länge? Han hade planerat, han hade förberett sig, men han hade aldrig riktigt trott att han skulle behöva använda sina resurser på riktigt.

Vatten

Gas

Konserver

Han hade tänkt att det skulle räcka för honom. Men nu var han inte längre ensam, barnen skulle komma snart. Hans bröst snörptes åt. Hur skulle han förklara för dem att inget fungerade?

08:00 – Tankarna på barnen

Johan satte sig vid köksbordet med sin gröt och stirrade ut genom fönstret, himlen var grå, tung, och det låg en tryckande tystnad över staden. Nere på innergården stod flera grannar och pratade, deras kroppsspråk var annorlunda idag. Mer spända, mer osäkra. Han stoppade en sked ljummen gröt i munnen, men hade ingen aptit. Hans barn skulle komma om två dagar. Två små liv, fulla av energi och frågor. Men vad skulle han ge dem att dricka? Han sneglade mot vattendunken i hörnet.

Halvfull

Det räckte för honom i några dagar, men med två barn? Den skulle gå åt direkt. Vad fan skulle han göra? Han kunde inte låta sina barn vara törstiga.

09:30 – Gatorna börjar förändras

Johan drog på sig jackan och gick ut. Han behövde se vad som hände i staden, när han klev ut på gatan möttes han av en helt ny stämning. Gårdagens förvirring var ersatt av en annan sorts tystnad, folk gick långsammare, blickarna mer vaksamma, som om de började inse att något var allvarligt fel. Utan el, utan information, utan något att hålla sig till, började människors instinkter ta över.

Han gick förbi en uttagsautomat där en man stod och tryckte frenetiskt på knapparna. "Helvete!" Mannen slog knytnäven i skärmen. "Ge mig mina pengar, då!" Johan sneglade mot honom, men vek undan blicken. Längre ner på gatan såg han en matbutik med en kö som var längre än igår. Folk stod med armarna i kors, frös om händerna, pratade lågmält. Men det var något nytt i deras ansikten. Något som liknade rädsla.

Vid ingången satt en skriven lapp på dörren.

"Endast kontanter – begränsad tillgång på varor." Johan svalde. Hur snabbt skulle folk förstå att resurserna höll på att ta slut?

11:00 – Han behövde en plan

Han satte sig på en parkbänk och andades djupt. Vad var nästa steg? Han gick igenom sina resurser i huvudet:

Mat för ungefär en vecka

Vatten för tre dagar, max

Stormkök och gas, men inte för evigt

Han behövde mer vatten, det var prioritet ett. Men var? Butikerna var redan slut på flaskor. Han lutade sig bakåt, drog handen genom håret och såg upp mot den gråa himlen. Om han hade varit smartare, hade han haft en större reserv. Men han hade aldrig trott att det skulle bli så här illa.

18:00 – En stad i skymning

När skymningen föll, blev allt ännu mörkare. Det fanns inga lampor någonstans, inga gatlyktor, ingen belysning från skyltfönster. Människor rörde sig snabbt genom gatorna, som om de alla ville hem innan natten föll. Johan ökade själv stegen, en instinkt han inte riktigt kunde förklara. Han kände att något låg i luften, när han kom hem låste han dörren direkt bakom sig.

Han drog ner persiennerna

Han satte sig vid köksbordet, tände ett värmeljus och såg lågorna fladdra. Han hade klarat dag två. Men vad skulle han göra imorgon?

22:00 – Tankarna snurrar

Han låg i sängen och stirrade upp i mörkret, han hade inte fått något tydliga svar på radion. Han visste fortfarande ingenting om hur länge det här skulle hålla i sig. Hur länge klarar jag mig? Hur länge klarar jag barnen? Han kunde inte släppa tanken på att de snart skulle vara här. Han ville inte att de skulle se honom osäker. Han ville inte att de skulle fråga saker han inte kunde svara på.

Han slöt ögonen

Han hade en dag kvar att förbereda sig. Och han visste att den dagen skulle bli avgörande.

Kerstin – Krisnivå 2
"Jag har gjort allt rätt... eller?"

Kerstin vaknade och låg stilla en lång stund innan hon öppnade ögonen, hon ville inte vakna till den här verkligheten. Hon låg kvar under täcket, invirad i värmen, och lyssnade. Det var för tyst, ingen kyl som brummade, ingen elektronik som gav ifrån sig sitt vanliga svaga surr. Hon sträckte sig mot nattduksbordet och tog upp sin mobil, bara för att bekräfta det hon redan visste. Hon tryckte på knappen, men skärmen förblev mörk. Fortfarande ingen el. Fortfarande inget vatten. Hon suckade djupt och blundade igen. Hon hade förberett sig, hon var redo. Men varför kändes det ändå så här?

07:30 – Den vanliga morgonrutinen – fast inte alls

Kerstin drog på sig sin morgonrock och hasade ut i köket, rummet var kallare än igår, hon kände det direkt i golvet. Hon tog fram sin fotogenlampa, tände den och såg hur det fladdrande ljuset sakta bredde ut sig i rummet. Skuggorna rörde sig längs väggarna, och allt kändes plötsligt främmande, som om hon vaknat i någon annans hem. Hon gick till skafferiet och plockade fram en konservburk med frukt, ett paket knäckebröd och en burk mjukost.

Hon hade nog med mat för att klara sig i en vecka

Hon gick fram till sin vattendunk, skruvade av korken och hällde upp ett glas. Vattnet kluckade sakta, och hon stirrade på den genomskinliga vätskan som om den var något heligt. Hon drack långsamt, lät vattnet rinna ner i halsen. Hon var förberedd. Hon kunde hantera det här.

Eller?

08:00 – En stad på väg att förändras

Kerstin tog på sig jackan och gick ut, när hon kom ut såg hon att fler människor än igår var ute på gatorna. De stod i små grupper, pratade tyst, deras blickar mer vaksamma än dagen innan. Hon gick mot torget. Luften kändes tung, som om alla väntade på något. Vid den lilla matbutiken var kön ännu längre än igår, hon såg människor stå med armarna i kors, någon som gnuggade sina händer mot kinderna, en kvinna som plockade fram en liten rulle sedlar ur fickan. Hon kände hur en obehaglig känsla spred sig i kroppen. Det här var inte som igår.

Det var något annorlunda nu

09:30 – Ett steg före, men hur länge?

Kerstin gick längs gatorna och såg sig omkring. Hon passerade en park, där en grupp människor samlats.

"...kommunen säger ingenting..."

"...vad händer om vattnet inte kommer tillbaka?"

"...hur länge kan det här pågå?"

Deras röster var spända, oroliga. Hon fortsatte att gå, kände hur tankarna började snurra i hennes huvud. Hon hade alltid sett sig själv som förberedd. Hon hade en vecka med mat och vatten. Hon hade stormkök, batterier och ljus. Men hur länge var en vecka? Och vad händer efter det?

12:00 – Den stora insikten

När hon kom hem satte hon sig vid köksbordet. Hon tände ett nytt ljus, tog fram en anteckningsbok och började skriva en lista. Mat – check, Vatten – check, Bränsle till stormköket – check.

Hon stirrade på listan, hon hade gjort allt rätt. Men ändå kände hon sig inte trygg, hon tog en klunk vatten ur sin flaska, den var halvfull. Hon visste att hon skulle klara en vecka själv, men vad händer när alla andra inte gör det? Och vad händer om någon knackar på dörren och ber om hjälp? Skulle hon kunna säga nej?

18:00 – Staden blir mörk

När mörkret föll stod Kerstin vid fönstret. Gatan nedanför var svart, inga gatlyktor, ingen trafik, bara en kompakt skugga som svepte in hela kvarteret. Hon kunde fortfarande höra människor röra sig utanför, men deras steg var snabbare än på dagen. Ingen ville vara ute längre än nödvändigt. Hon gick till sitt kök, där ljuset från hennes lykta kastade långa skuggor på väggarna. Hon satte sig vid bordet, stirrade på sina händer. Hon hade aldrig tänkt på vad mörker verkligen innebar. Det här var inte bara en stad utan el. Det var ett samhälle som långsamt höll på att förändras.

22:00 – En orolig natt

Kerstin låg i sängen, invirad i täcket. Hon lyssnade på tystnaden, den kändes tjockare än igår. Hon kunde höra dämpade röster långt borta. Någon som gick förbi på gatan utanför. Hennes hjärta slog hårt i bröstet. Hon hade följt alla rekommendationer. Hon hade gjort allt rätt. Men varför kände hon sig ändå osäker? Hon vände sig om på kudden, knep ihop ögonen och försökte somna. Men den nya insikten gnagde i bakhuvudet: Ingen klarar sig ensam. Och ensamheten började kännas farlig.

Dag 2 – Summering och reflektion

Två dagar utan el, två dagar utan vatten, två dagar av osäkerhet. Hur mycket kan förändras på 48 timmar? Mer än de någonsin kunnat föreställa sig.

För Lisa, Johan och Kerstin har det bara gått två dagar. Men redan nu känns livet helt annorlunda. Lisa, som aldrig tänkt på hemberedskap, börjar förstå vad det innebär att stå utan resurser. Johan, som trodde han var hyfsat förberedd, inser att hans förberedelser kanske inte räcker. Kerstin, som följt myndigheternas rekommendationer, ser nu sina egna brister – och börjar inse att ensam är svag. Det här är inte längre ett strömavbrott.

Det är början på något större

Lisa – krisnivå 0

"Det här kan inte hända. Någon måste fixa det." Lisa mår skit. Hon är trött, hungrig och framför allt törstig. Den där torra känslan i munnen har börjat bli outhärdlig, hennes huvud värker, kroppen känns tung. Hon har inte fått i sig tillräckligt med vätska. Och det är bara dag två, hon känner sig mer ensam än någonsin. Varken jobbet eller samhället fungerar längre. Hon har ingen plan. Hon har inget vatten. Hon hade aldrig trott att det skulle kunna bli så här snabbt kaosartat. När kommer någon att fixa det här?

Men innerst inne har hon börjat inse den obehagliga sanningen: Ingen kommer.

Johan – krisnivå 1

"Jag trodde att jag var redo. Jag var inte redo." Johan sitter vid sitt köksbord, stirrar på lågorna från sitt värmeljus. Han har resurser, men han har också ett problem. Vattendunken är halvfull. Barnen kommer snart, han vet att det inte kommer räcka. Han försöker tänka logiskt. Han behöver mer vatten, mer mat, en bättre plan.

Men hur? Han ser hur staden förändras, hur folk börjar bli desperata. Hur lång tid tar det innan paniken blir farlig? Han visste att det kunde bli så här. Han har läst om det. Han har förberett sig. Men han hade aldrig känt det förut. Nu gör han det.

Kerstin – Krisnivå 2

"Jag har gjort allt rätt... men ändå är det inte tillräckligt." Kerstin ligger i sängen, stirrar upp i taket. Hon har mat. Hon har vatten. Hon har ljus och gas. Men hon har också en ny känsla i bröstet.

Osäkerhet.

Hon ser hur människor utanför hennes fönster förändras, hur deras ögon speglar rädsla och ovisshet. Hon har sju dagar med resurser. Men vad händer sedan? Vad händer när alla andra i hennes omgivning får slut på sina? Kommer de att knacka på? Kommer de att be om hjälp? Kommer hon kunna säga nej? Hon trodde att hon var redo. Nu inser hon att det handlar om mer än att bara ha rätt saker hemma, det handlar om överlevnad.

Två dagar in i mörkret

Lisa, Johan och Kerstin är på tre olika nivåer av hemberedskap. Men de delar en gemensam insikt:

Det här kommer inte lösa sig snabbt.

Lisa är på väg att krascha, hennes kropp säger ifrån. Hon behöver vatten. Nu. Johan är stressad, han trodde han var redo, men han börjar tvivla. Han har en dag kvar att hitta en lösning innan barnen kommer. Kerstin är trygg – än så länge. Men hon börjar inse att ensamhet är en svaghet i en kris.

Två dagar in i mörkret har de börjat förstå något som de aldrig tidigare insett, att samhället kan falla snabbare än de trott.

Och det här är bara början.

Dag 2 – Samhället försöker agera,
men ingen hjälp finns att få

Morgonen gryr över staden, men det är ingen vanlig morgon. Den bitande novemberkylan har letat sig in i varje hem, i varje vrå. Det är en annan typ av kyla än den man kan mota bort med en extra filt eller en tjockare jacka. Det är kylan av ett samhälle som långsamt håller på att slockna.

Lisa vaknar i sin säng, torrare i halsen än någonsin, med en kropp som skriker efter vatten. Hon sväljer hårt och försöker ignorera den brännande känslan av törst. Hennes första tanke är att idag måste det vara över. Idag måste elen och vattnet komma tillbaka.

Hon försöker tänka på något annat, men allt känns segt, långsamt, avlägset. Hennes kropp börjar redan påverkas av bristen på vätska.

I en annan del av staden tänder Johan ett värmeljus vid sitt köksbord och ser lågorna fladdra mot det gråa morgonljuset utanför fönstret. Han har druckit sparsamt under natten, men han känner hur vattnet i dunken blir en allt större stressfaktor. Snart är det slut. Snart kommer barnen.

Kerstin drar morgonrocken tätare omkring sig när hon går genom sitt kyliga hem. Hon har resurser, men en oro har börjat gnaga i henne – hur länge räcker det? Hon har alltid sett sig själv som förberedd, men hon har aldrig testat att leva så här.

Och nu börjar insikten komma. Att vara förberedd i teorin är en sak – att leva i en kris är något helt annat.

08:00 – Första meddelandet från myndigheterna

Radion sprakar till. En röst hörs.

Den är svag och knappt hörbar genom den dåliga signalen, men för många är det det första riktiga tecknet på att myndigheterna faktiskt arbetar med situationen. "Detta är ett meddelande från kommunen... Vi är medvetna om den pågående situationen och arbetar aktivt med att lösa problemen. Vi ber alla att hålla sig lugna och att hushålla med sina resurser. Vi har ännu ingen prognos för när el- och vattenförsörjningen kan återställas." Kerstin höjer volymen på sin lilla batteridrivna radio och lutar sig närmare, men budskapet slutar lika snabbt som det började.

Hon stirrar på radion. Det var allt?

Lisa hör samma meddelande från en radio i en butik hon passerar. Hon stannar upp, väntar på att mer ska komma – men det gör det inte. Johan står i en klunga av människor vid torget och lyssnar när någon spelar upp meddelandet från en gammal transistorradio. Han hör besvikelsen i allas röster. "Det var ju ingenting nytt," muttrar en äldre man bredvid honom. "De har ingen koll," säger en annan. "De vet inte mer än vi." Och för första gången börjar folk förstå vidden av vad det betyder.

Samhället är i mörker – och ingen har någon plan

10:00 – Sjukvårdens varning

Vid sjukhuset är situationen redan pressad. Läkare och sjuksköterskor har jobbat i skift utan ordentlig information, utan fungerande system, utan någon som kan tala om för dem när allt ska bli normalt igen.

Och nu kommer ett officiellt uttalande:

"Sjukvården är hårt belastad. Vi prioriterar endast livshotande fall. Om du inte är allvarligt sjuk eller skadad, undvik att söka vård. Vi ber alla att ta hand om sina egna enklare besvär i hemmet." För Johan, som har barn på väg, är det en iskall insikt, om någon av dem blir sjuk – vem ska hjälpa dem? Lisa tänker på sin gamla mamma i andra delen av staden. Hon försöker låta bli att tänka på vad som händer om hon faller och slår sig, om hon blir sjuk av vattnet som kanske snart börjar ta slut. Vem kommer att hjälpa henne? Och Kerstin... Hon vet att det bara är en tidsfråga innan folk börjar inse vad detta verkligen innebär.

Du är ensam nu.

12:00 – Rykten och panik

När ingen ny information kommer börjar ryktena ta över. Någon påstår sig ha hört att det är sabotage En annan säger att kommunen mörkar hur allvarligt det är. En tredje säger att vattenledningarna kan vara förgiftade. Människor börjar bli rädda. En kö uppstår utanför en butik som fortfarande har vatten kvar. Snart blir kön till en klunga, och klungan blir till en folkmassa. Folk slutar prata och börjar skrika.

En kvinna gråter

Lisa ser på tumultet på avstånd. Hon förstår att hon måste hitta vatten – men hur? Johan tänker på sina barn. Han måste agera innan det är för sent. Kerstin stannar upp vid ett anslag där någon skrivit: "Vi är övergivna. Vi måste klara oss själva." Och för första gången känns det som den sanning hon försökt att undvika.

15:00 – Kommunens meddelande: Ingen vet när nödvatten finns

Affischer sätts upp vid kommunhuset och i stadens centrum.

"Vi arbetar på att få fram nödvattenstationer, men vi kan ännu inte ge besked om när eller var de kommer att upprättas. Vi ber alla att hushålla med det vatten de har och att vara beredda på att situationen kan pågå under längre tid." Kerstin läser texten om och om igen. Det finns ingen hjälp ännu. Johan ser hur människor reagerar med ilska. Det är inte nog med information längre. Lisa börjar inse att det hon väntat på kanske aldrig kommer.

18:00 – En stad i skymning

När mörkret sänker sig över staden är den inte längre samma plats som igår. De flesta stannar inomhus, tystnaden känns tyngre, farligare. Kerstin tittar ut genom fönstret och ser hur grannar börjar dra ner sina persienner, låsa sina dörrar. Lisa ligger i sin säng och stirrar i taket, törsten börjar bli olidlig. Johan tänder ett ljus, ser lågorna fladdra, känner trycket i bröstet. Barnen kommer snart. Han måste lösa detta. Ingen av dem vet hur länge det här ska pågå. Och i mörkret börjar en ny insikt sakta sjunka in:

Det här är inte längre bara ett avbrott. Det här är en kamp för att klara nästa dag.

När oro övergår i handling
Dag 3

Krisen har nu pågått i två dygn

Två dygn utan el, utan vatten, utan den struktur som brukade hålla samhället samman. Det var i början chock och förvirring som präglade människors reaktioner. De hade väntat, hoppats, trott att någon skulle lösa problemet. De hade gått till jobbet, köat i butikerna, sökt information från myndigheterna. Men nu, på den tredje dagen, började något förändras. Det var som att en gräns hade passerats, en osynlig linje där det inte längre var en väntan på att det skulle lösa sig – utan en kamp för att klara sig.

Det var idag människor började agera på riktigt

06:00 – En annan sorts stad

Staden låg i ett dämpat, tungt mörker när de första människorna började röra sig ute på gatorna. Men det var inte som förr. Det fanns ingen trafik, inga blinkande neonskyltar, inga upplysta fönster i kaféerna. Människor gick inte till jobbet. De gick för att leta efter lösningar, vissa rörde sig snabbt, som om de redan visste vad de behövde göra. Andra smygande, vaksamma, lyssnande. Gatorna var fortfarande bekanta, men ändå helt förändrade. Det var inte längre en stad där allt fungerade. Det var en stad där överlevnad hade blivit en individuell angelägenhet.

08:00 – Butikerna blir en
samlingsplats för frustration

De få butiker som fortfarande hade varor kvar var redan tömda på vatten.

Skyltar satt uppsatta på dörrarna: "Vi tar endast kontanter." "Max två varor per kund." "Vatten slut."

Det var vid dessa butiker som människor nu samlades, inte för att handla, utan för att förstå vad de skulle göra härnäst. Vid en liten kvartersbutik stod en äldre man med en plastpåse i handen. Det sista han fått tag på – några konservburkar, en flaska läsk. Han klev ut genom butiken, men hann knappt ta några steg innan två yngre män ställde sig framför honom.

"Vad har du där?"

"Min mat."

"Vi behöver också mat."

Mannen försökte gå förbi, men de ställde sig i vägen. Det blev tyst en sekund, en laddad stillhet som ingen riktigt visste hur den skulle sluta.

Sedan, ett ryck.

Plastpåsen gick sönder. Burkar rullade ut över trottoaren, de två yngre männen plockade upp dem och sprang. Den äldre mannen stod kvar. Chockad, förlamad, han öppnade munnen, men sa ingenting. Ingen gjorde något. Folk stod runt omkring och bara tittade på. Och det var just det som var så avgörande den här dagen: Människor hade slutat reagera. De hade slutat lita på att någon skulle ingripa. För alla började förstå att det bara skulle bli värre.

10:00 – Kommunens budskap: "Hjälp varandra"

Mitt på dagen satte kommunen upp nya anslag på stadens torg och vid infarten till stadshuset. "Vi arbetar fortsatt med att försöka få igång el- och vattenförsörjningen. Vi har ännu ingen prognos. Vi uppmanar invånarna att hålla sig lugna och att samarbeta genom grannsamverkan." Det var det enda de kunde säga. De hade ingen annan lösning att erbjuda. Och det var nu den riktiga oron började sprida sig. För hur länge kunde ett samhälle fungera bara på uppmaningen att "hålla sig lugna"? Människor började förstå att detta inte var tillfälligt. Det var här och nu – och det kunde bli långvarigt.

12:00 – Misstänksamheten sprider sig

De som fortfarande hade något att förlora, började skydda det. Det var små förändringar. En familj som låste sin port en extra gång. En butik som började släppa in kunder en och en, i stället för att ha dörrarna öppna. En granne som plötsligt inte längre ville prata i trapphuset. Människor började hålla hårdare i sina väskor, hålla sig närmare sina egna hem, se sig om över axeln när de gick ut. Det var inte kaos.

Inte än

Men förändringen var på gång och det var den tystnaden som var mest skrämmande.

15:00 – De första stängda dörrarna

I vissa bostadshus började grannar samlas i små grupper. "Hur mycket har ni hemma?" "Vi kanske borde organisera oss... "Vi kan inte bara släppa in folk som vill ha hjälp." Det var ingen direkt misstro – ännu. Men det var början på en ny fas av krisen. Den där grannar började fråga sig själva om de hade råd att hjälpa någon annan och för vissa började svaret bli nej.

18:00 – En annan sorts kväll

När mörkret föll, var staden ännu mörkare än kvällen innan. Det var färre människor ute. Det var fler hem som var helt mörklagda, trots att man visste att folk bodde där. Som om de inte ville visa att de var hemma. De som hade mat, hade slutat äta öppet vid fönstret, de som hade vatten, drack det i smyg. Mörkret var mer än bara en brist på elektricitet, det var en skugga av misstro som långsamt bredde ut sig över staden.

22:00 – En förändrad verklighet

När natten föll, låg många vakna. Inte för att de väntade på att elen skulle komma tillbaka, den tanken fanns inte längre. Nu låg de vakna för att lyssna på ljuden i natten, för första gången på tre dagar började de fråga sig själva:

"Hur länge kan vi hålla ut?"

Och ännu mer skrämmande: "Vad händer när vissa inte kan hålla ut längre?"

Lisa – Krisnivå 0
"Det här händer inte mig."

Lisa vaknade av att huvudet dunkade. Det var inte en vanlig huvudvärk, inte den sorten hon fick när hon suttit för länge framför datorn eller sovit dåligt, det här var något annat. Hon låg på rygg och stirrade upp i taket, hennes kropp kändes tung, stel, uttorkad.

Törsten hade blivit en del av henne nu

Hon svalde, men det var ingen saliv kvar i munnen, hennes tunga kändes som sandpapper, hennes hals brände. Varje tanke var seg och långsam, hon ville inte gå upp. Men hon kunde inte ligga kvar heller, hon måste hitta vatten. Det var allt hon kunde tänka på nu.

07:30 – En trasig rutin

Hon hasade sig ur sängen, kroppen kändes svagare än dagen innan. Hon vinglade till lite när hon ställde sig upp, tog stöd mot väggen.

Det var för tyst

Ingen el, ingen värme, ingen rinnande vattenkran att fylla ett glas från. Hennes spegelbild stirrade tillbaka på henne i badrummet, hennes ögon var rödsprängda, huden såg blek och torr ut. Hon vred på kranen. Hon visste att inget skulle komma, men hon gjorde det ändå.

Ingenting

Hon såg på tandborsten i glaset, det kändes nästan skrattretande. Hon brukade stå här varje morgon och borsta tänderna utan att tänka på det, nu kunde hon inte ens skölja munnen. Hon tog ett djupt andetag. Det var idag hon behövde göra något, hon behövde vatten, hon kunde inte vänta längre.

Hon drog på sig jackan och öppnade dörren, lägenhetshuset var dämpat, nästan kusligt tyst. Ingen radio, inga barn som sprang i trapphuset, bara en stillhet som kändes onaturlig. Hon gick nerför trapporna och ut på gatan och där ute såg hon förändringen. Det var som att staden hade förändrats över en natt, folk gick annorlunda, de sneglade mer på varandra. De rörde sig snabbare genom gatorna, vissa gick i grupp, andra höll sig undan. Lisa gick längs trottoaren och såg en grupp människor vid torget. De pratade lågt, tätt intill varandra. Det var inte längre ett vänligt småprat.

Det var något mer intensivt

Hon gick vidare, mot den lilla kvartersbutiken där hon igår sett en kö av människor. Men när hon kom fram stannade hon tvärt.

Butiken var stängd

Inte bara stängd – dörrarna var låsta med kedjor. På dörren satt en lapp: "Slut på varor. Stängt tills vidare." Lisa kände paniken hugga till i magen. Vadå slut på varor? Hur kan en butik bara... sluta ha saker?

Det var ju en butik

Det var sådant här som inte kunde hända. Hon kände ett tryck i bröstet, hon var inte beredd på det här.

Vad skulle hon göra nu?

10:00 – Planlös i en stad som förändrats

Hon stod kvar ett tag utanför butiken, som om hon väntade på att någon skulle komma och säga att allt var ett misstag.

Men ingen kom

Folk gick förbi, men de saktade aldrig in. Ingen ville prata med henne, hon började gå. Hon hade ingen plan, bara en vag tanke om att hon var tvungen att hitta vatten någonstans. Hon sneglade mot de större butikerna längre ner på gatan. Vid en av dem såg hon en lång kö, men den såg annorlunda ut idag. Det var inte en kö där folk väntade tålmodigt med sina kundvagnar. Det var tysta, trötta människor som stod nära varandra, med blicken sänkt, hon gick närmare och hörde snuttar av samtal:

"De har sagt att de kanske får in något imorgon…"

"Jag var här igår, då sa de samma sak."

"Vi kan inte bara stå här och vänta. Vi måste göra något."

Lisa ryggade undan. Det här var inte en vanlig kö. Det här var något annat, hon vände sig om och gick därifrån.

12:00 – En stängd dörr

Hon tog sig tillbaka till sitt lägenhetshus. Hon hatade att göra det, men hon behövde hjälp. Hon tog ett djupt andetag och gick uppför trapporna. Stannade framför grannens dörr.

Hon lyfte handen

Hesiterade. Hon behövde vatten. Hon var tvungen att fråga.

Hon knackade. Tystnad.

Sedan ljudet av någon som långsamt rörde sig där inne. Dörren öppnades lite grann. En man i femtioårsåldern, hennes granne, stod där och såg på henne. "Jag undrar om du vet något... om vattnet?" frågade hon försiktigt. Hans blick var misstänksam. "Jag vet lika lite som du," sa han kort. Han stod där en sekund för länge.

Sedan stängde han dörren

Utan ett ord till. Lisa stirrade på dörren. Hon var ensam.

18:00 – Det börjar bli farligt

När skymningen föll såg Lisa ut genom sitt fönster. Hon såg färre människor ute än tidigare dagar. Och de som var ute gick snabbare.

Det kändes farligare nu

Hon såg en man längre ner på gatan bära på två stora påsar, två andra män följde efter honom på avstånd. Hon tittade bort. Hon ville inte veta.

22:00 – Ensam i mörkret

Hon låg på soffan. Hennes huvud bultade av törst, hon hade inte fått i sig något vatten idag.

Inte en droppe

Hennes mun var torr som sandpapper, hennes läppar spruckna. Hon stirrade ut i mörkret. Hon ville bara somna och glömma, men hon kunde inte somna, för hon insåg något nu. Ingen skulle hjälpa henne. Hon var ensam i det här. Och hon hade ingen plan.

Johan – krisnivå 1
"Barnen kommer imorgon. Jag måste lösa det här."

Johan vaknade med ett ryck. Mörkret i rummet var kompakt. För några sekunder låg han stilla och lyssnade, han visste inte vad som väckt honom, men han kände att något var annorlunda. Det var tyst – men inte den tystnad han vant sig vid under de senaste dagarna. Det här var en annan sorts tystnad.

En tystnad av vaksamhet

Han drog handen genom håret och satte sig långsamt upp i sängen, hans kropp var stel, trött, och magen kändes tom och öm. Men det var inte hungern som oroade honom mest. Det var tanken på morgondagen. Barnen skulle komma och han hade inte tillräckligt med vatten för dem.

07:00 – En ny verklighet

Johan satte på sig sin jacka och gick ut i köket, rummet kändes kallare än igår. Han såg på sin vattendunk i hörnet. Den var nästan tom. Han tog fram en kopp, hällde upp en liten mängd och drack långsamt, försökte spara på varje droppe. Han visste att han behövde mer vatten.

Men var?

Han visste att butikerna redan var tömda. Han hade sett hur kön vid stormarknaden igår hade gått från att vara en kö – till något annat. Folk hade slutat vänta, de hade börjat kräva. Och det var det som skrämde honom mest. Hur länge till innan de som saknade vatten började gå hem till de som hade?

08:30 – Gatorna känns farligare

När Johan gick ut genom porten kunde han känna det direkt. Det var något i luften, de senaste dagarna hade folk rört sig stressat, oroligt. Idag såg de annorlunda ut. Han såg fler grupper än tidigare. Små grupper av människor som stod tätt ihop och viskade. Han såg människor som gick med snabba steg, blicken rakt fram, som om de ville undvika att bli stoppade. Och han såg vissa som gick långsamt, som om de studerade alla andra omkring sig, det gjorde honom nervös. Han tryckte ner händerna i fickorna och gick snabbare.

Han hade ett mål, han var tvungen att hitta vatten – innan det var för sent.

10:00 – Jakten på vatten

Han gick först till torget, det brukade finnas en offentlig vattenpost där, en gammal dricksvattenfontän som stod som en relik från en tid då folk fortfarande använde sådana. Men när han kom fram var den omringad av människor. Folk tryckte på knapparna, dunkade på metallhöljet.

Inget kom ut

Vattnet var helt avstängt. "De har stängt av allt," hörde han någon muttra bredvid sig. "Vad ska vi göra nu?" sa en annan. Johan vände sig om och gick därifrån.

Han hade ingen plan B.

12:00 – En farligare stad

Johan började känna det i kroppen. En trötthet han inte kunde ignorera. Han hade ätit minimalt under gårdagen, sparat på sitt vatten, försökt hushålla på allt, men kroppen protesterade. Och han visste att imorgon skulle bli ännu svårare. Han passerade en butik som fortfarande hade sin skylt tänd, men dörrarna var låsta.

På dörren satt en ny lapp:

"Slut på alla basvaror. Stängt tills vidare."

Han såg människor gå fram, läsa skylten och sedan gå därifrån – tysta. Ingen suckade. Ingen klagade. Det var som att de redan förväntat sig det, som att de börjat vänja sig. Och det var just det som var det värsta. Att samhället höll på att förfalla – och ingen längre ifrågasatte det.

15:00 – Ett erbjudande

Johan gick förbi en grupp män som stod vid en bänk vid torget. De tittade på honom, och en av dem nickade.

"Behöver du vatten?"

Johan stannade upp. "Ja," sa han försiktigt. En av männen flinade. "Vi kan fixa det. För en liten tjänst." Johan svalde hårt. Han kunde se vad de menade i deras blickar, det handlade inte om pengar. Det handlade om något annat. Han visste att om han sa ja, skulle han vara skyldig dem något. Och han visste att han inte ville hamna i skuld till människor som dem. Så han skakade på huvudet. "Jag klarar mig." Han gick därifrån, kände deras blickar bränna i nacken. Han visste att nästa gång kanske han inte hade ett val.

18:00 – Ensamheten börjar kännas farlig

När Johan kom hem var han trött på ett sätt han aldrig varit förut, det var inte bara fysisk utmattning, det var mental utmattning. Han låste dörren bakom sig, lutade pannan mot den och drog ett djupt andetag. Han hade fortfarande inget vatten och barnen skulle komma imorgon. Han satte sig vid köksbordet, tände ett värmeljus. Han behövde en plan, men han kunde inte tänka klart längre.

22:00 – Natten känns annorlunda

När mörkret föll var det ännu mörkare än igår, det var färre ljud utifrån. Inte för att det var lugnare – utan för att folk börjat gömma sig. De som hade något att skydda, höll sig undan. De som letade efter något att ta, höll sig vakna. Johan låg på sin soffa och stirrade upp i taket, hans vattendunk var nästan tom. Imorgon skulle han få hem sina barn. Han behövde lösa det här.

Men hur?

Han slöt ögonen, men visste att han inte skulle kunna somna, för den insikten som gnagde i honom mest var den han inte ville erkänna. Han var inte redo för det här. Och imorgon skulle han behöva fatta beslut han aldrig tidigare ens tänkt på.

Kerstin – Krisnivå 2
"Jag har gjort allt rätt, men det räcker inte."

Kerstin vaknade med ett ryck. Hon drog täcket tätare omkring sig, huttrade till och låg kvar i mörkret. Det var kallare idag än igår. Hennes kropp protesterade när hon försökte sträcka ut sig. Hon var stel, trött, och för första gången på länge kände hon sig utmattad på ett sätt hon inte var van vid. Hon hade sovit dåligt. Tankarna hade jagat henne hela natten. De senaste dagarna hade varit en prövning, men hon hade haft kontroll. Hon hade mat, vatten, ett stormkök. Hon hade följt myndigheternas riktlinjer, sett till att hon hade beredskap för sju dagar.

Hon hade trott att det skulle räcka

Men nu, på den tredje dagen, började verkligheten komma ikapp henne. Hon var inte ensam i den här staden. Och de som inte hade förberett sig – de började nu bli desperata.

07:00 – En ensam frukost

Hon satte sig vid köksbordet och stirrade på den lilla högen med mat framför sig. En skiva knäckebröd. En burk tonfisk. Hon tände en värmelampa och skruvade av korken på sin vattendunk.

10 liter kvar

Hon hällde upp en liten mängd i ett glas, drack långsamt. Vatten hade alltid varit en självklarhet, nu kändes varje klunk som en lyx. Hon sneglade mot den andra dunken i hörnet av köket. Den sista hon hade. Hon hade trott att två dunkar skulle vara mer än tillräckligt. Nu insåg hon att hon var på väg att bli som alla andra – en som letade efter nästa droppe.

08:30 – Gatan känns annorlunda

Hon tog på sig sin jacka och gick ut i trapphuset, luften var annorlunda idag. När hon klev ut på gatan såg hon hur människor började förändras. De gick snabbare, tittade sig mer över axeln. Hon passerade en man som såg ut att ha sovit ute. Hans ansikte var trött, tomt, nästan uttryckslöst. Vid torget hade fler människor börjat samlas. Men de stod inte längre i vanliga köer, de stod i klungor, viskade, diskuterade. Det låg en spänning i luften som fick henne att rysa, det här var inte längre bara en väntan på att samhället skulle fixa allt, det var början på något annat.

10:00 – Affärerna är slut på allt

Hon tog sig till butikerna. De små skyltfönstren var redan mörka, tomma. Hon gick förbi en livsmedelsbutik. På dörren satt en handskriven skylt:

"Slut på allt. Ingen ny leverans tills vidare."

En bit bort hörde hon en röst. "Vad menar du 'slut på allt'?" Det var en kvinna i 40-årsåldern som stod vid ingången, stirrade på affärsägaren som stod innanför den låsta dörren. "Vi har ingenting kvar," sa affärsägaren och ryckte på axlarna. "Vi vet inte när vi får mer." "Men... vad ska vi göra?" kvinnan höjde rösten. "Vi måste ju ha mat! Vi måste ha vatten!" Affärsägaren sa inget, han bara skakade på huvudet och drog ner jalusierna över skyltfönstret. Kerstin såg hur kvinnan stod kvar, stel av chock. Hon kände samma känsla krypa in i sig själv.

Det var nu det började, det var nu folk insåg att de var ensamma.

12:00 – De första konflikterna

När Kerstin vände hemåt såg hon för första gången människor argumentera öppet. Vid en busshållplats hade några samlats. Två män grälade om något så enkelt som en vattenflaska. "Du kan inte ta hela!" skrek den ena. "Jag fick tag på den, den är min!" skrek den andra tillbaka. De stod nära varandra nu, båda högröda i ansiktet. Folk runt omkring stirrade, men ingen ingrep. Hon såg hur det bytte karaktär från en diskussion – till något annat. Hon hörde ett ryck, en kamp, en flaska som föll i marken och rullade iväg. Det var här vi var nu. Folk började slåss om de sista resurserna. Kerstin tog ett steg bakåt och gick därifrån. Hon hade sett nog för idag.

15:00 – En stängd port

När hon kom hem hörde hon några grannar prata ute på gatan, hon stannade upp, lyssnade. "...vi kan inte bara låta vem som helst komma och be om hjälp." "Men tänk om någon av oss behöver hjälp senare? "Det spelar ingen roll. Vi har bara så mycket vi kan dela på." Kerstin tog ett djupt andetag och gick in.

Hon visste att de hade rätt, men hon visste också vad det innebar, dörrar började stängas nu. Folk började se om sitt eget hus först. Och det var den sista pusselbiten i den här nya verkligheten, nu var det vi mot dem.

18:00 – Mörkret känns annorlunda

När skymningen föll tände hon sin lykta i köket, hon såg ut genom fönstret, det var mörkare än kvällen innan. Inte bara för att elen var borta, utan för att färre ljus syntes i fönstren. Folk började gömma sig, de som hade något ville inte skylta med det. De som saknade något började leta. Kerstin insåg att hennes förråd inte gjorde henne trygg längre, de gjorde henne till en måltavla.

22:00 – Den stora insikten

Hon låg i sängen, men kunde inte sova, hon hade gjort allt rätt. Hon hade lyssnat på myndigheterna. Hon hade preppat för en vecka. Men hon insåg nu, i mörkret, att det inte räckte. För det här handlade inte bara om att ha mat och vatten, det handlade om att klara sig i en värld där alla andra också saknade det. Och hon var ensam. Den tanken högg till i bröstet, hon var ensam och i morgon, då skulle allt bli ännu värre.

Dag 3 – Samhället efter tre dygn i mörker

Tre dagar har gått. Tre dygn utan el, tre dygn utan vatten. Tre dygn av väntan – som nu börjar övergå i något annat. Första dygnet var förvirring. Människor försökte förstå vad som hänt, letade efter svar, hoppades på att allt snart skulle återgå till det normala. Andra dygnet var oro. Då började folk inse att hjälpen inte kom, resurserna började sina och det fanns inga besked om när krisen skulle vara över.

Men det tredje dygnet...

Det var här den verkliga förändringen började, människor som hade varit vänliga, öppna, samarbetande började bli misstänksamma, slutna, egoistiska.

Det var här samhället på allvar började förändras.

08:00 – Den första verkliga desperationen

När dag tre grydde var staden inte längre densamma som den varit dag ett och två. Det syntes i sättet människor rörde sig, i hur de sneglade på varandra, hur de pratade lågmält och inte längre frågade "har du hört något?", utan i stället "vad ska vi göra?" Vid torget stod människor i klungor, men det var inte längre vänliga samtal. Det var låga, intensiva diskussioner. "Vi måste lösa det här själva." "Vi kan inte bara sitta här och svälta." "Vad har du kvar hemma?" Samhället höll fortfarande ihop – men det var skört nu. Väldigt skört. Det räckte att en gnista tändes på fel plats – så skulle allt kunna braka samman.

12:00 – De första egentliga konfrontationerna

Människor började agera annorlunda. Igår hade folk letat, frågat, vädjat. Nu började de ta. Vid en liten butik försökte en man köpa en flaska vatten med kontanter, men fick beskedet att det var slut. Han slog näven i disken.

"Det måste finnas något kvar!"

Butiksägaren skakade på huvudet. Mannen stirrade på honom, sedan på lagret bakom honom. Så tog han ett steg framåt. Bakom honom stod andra, som tänkte samma sak.

15:00 – Det nya normala

Dörrar började hållas låsta. Fler hushåll släckte sina fönster även om de hade ljus – för att inte visa att någon var hemma. De som fortfarande hade resurser, slutade prata om dem. De som inte hade några, började desperat leta. Samhället hade på bara tre dygn gått från en plats där vi litar på varandra – till en plats där vi ser på varandra med misstänksamhet. För nu insåg alla sanningen: Det här kommer inte att vara över snart. Och de som hade något att förlora, började skydda det.

18:00 – När natten faller förändras allt

När mörkret la sig denna tredje kväll var det som om en annan värld vaknade till liv, människor rörde sig annorlunda på gatorna. De som var ute gick snabbt, vaksamt, tyst. Långt borta hördes skrik, inte panikskrik, men ett bråk som gått för långt. Och för första gången på tre dagar var det ingen som sprang för att hjälpa till.

För alla började förstå en sak nu:

Man kan inte lita på att någon annan hjälper dig. Man måste klara sig själv.

Våra tre personer – vad har de lärt sig?

Lisa (krisnivå 0)

Lisa ligger i sin soffa, utslagen av törst. Hon har ingenting kvar att dricka och hon vet inte hur hon ska få tag på något. Hon är för svag för att tänka klart. Hon inser att hon väntat för länge. Hon har förlitat sig på att samhället ska hjälpa henne. Men nu börjar hon förstå att det aldrig var en säkerhet – bara en illusion. Och hon har ingen plan.

Johan (krisnivå 1)

Johan sitter vid sitt köksbord. Hans dunk är nästan tom. Imorgon kommer hans barn. Han måste lösa det här. Men hur? För tre dagar sedan trodde han att han var redo. Idag förstår han att han hade fel, hans reserver räckte inte. Hans förberedelser var ytliga och nu står han inför sitt livs svåraste beslut.

Kerstin (krisnivå 2)

Kerstin trodde att hon var trygg, Hon hade följt myndigheternas råd. Men idag har hon förstått att det inte räcker, det handlar inte bara om att ha resurser – utan om att kunna hantera en verklighet där andra inte har det. Och hon börjar känna sig rädd på riktigt, inte för bristen på vatten eller mat, utan för människorna omkring henne. För de som inte har något kvar kommer snart att göra vad som krävs för att få det.

Vad har vi lärt oss efter tre dagar?

Samhället är inte rustat för en långvarig kris, myndigheterna har inga riktiga lösningar. Informationen är luddig och kommer för sent. Infrastrukturen klarar inte av belastningen.

Människor förändras snabbt. På dag 1 väntar vi på hjälp. På dag 2 börjar vi förstå att det kan ta tid. På dag 3 inser vi att vi måste agera själva.

De som inte är förberedda hamnar snabbt i problem. Lisa har inget vatten kvar. Hon är för svag för att göra något. Johan har förstått att hans resurser inte räcker och står inför tuffa beslut. Kerstin har det hon behöver – men börjar inse att hon är en måltavla.

Krisen handlar inte bara om resurser – den handlar om människor. Människor som är desperata gör saker de aldrig trodde att de skulle göra. Misstänksamheten ökar. Den som har något att skydda börjar göra det – på riktigt.

Vad händer på dag 4?

Nu kommer nästa fas av krisen. De som har något kvar, måste börja försvara det, de som inte har något, måste börja ta större risker. Samhället kommer inte att kunna hålla ihop mycket längre.

Det var här allting förändrades

Dag 4 blir den första dagen där människor börjar göra val – som de aldrig tidigare trodde att de skulle behöva göra.

Samhället efter 72 timmar

"Ingen har tränat på det här – och det märks." I kommunhuset var det mörkt.

Några få lampor lyste med batteridrivna reservlösningar, men i övrigt var korridorerna dunkla och kalla, värmen hade försvunnit redan under första natten, och nu satt personalen insvepta i extra tröjor och jackor medan de stirrade ner i sina anteckningar och sporadiska rapporter som kom in.

Tre dagar hade gått

Tre dagar av total osäkerhet, tre dygn utan el, tre dygn utan vatten. Tre dygn där allt fler började förstå att ingen hade ett svar. Kommunledningen satt i ett improviserat krisrum på tredje våningen, kartor låg utspridda över bordet, tillsammans med listor på nödvändiga funktioner i staden. En man, Peter, som normalt arbetade med stadsplanering, stod lutad över ett bord och masserade sina tinningar.

"Hur har vi hamnat här?" sa han tyst.

Ingen svarade.

06:30 – Ett improviserat ledningsmöte

Kommunchefen, Annika, drog handen genom sitt otvättade hår och suckade. Hon var trött, irriterad, och framför allt frustrerad. Hon såg på gruppen framför sig – en samling tjänstemän som inte var tränade för det här. Visst, de hade haft krisplaner, de hade haft möten, de hade till och med haft en och annan övning där man låtsades att vattenförsörjningen var borta i en dag.

Men 72 timmar?

Ingen hade någonsin övat på att hantera tre hela dygn där ingenting fungerade. Hon såg på Peter, som fortfarande såg ut som om han inte riktigt kunde greppa situationen. "Vad har vi på vattnet?" frågade hon. En annan i gruppen, Lena från tekniska förvaltningen, bläddrade i sina papper och skakade på huvudet. "Vi har lyckats hålla sjukhuset igång. De har fortfarande reservvatten och prioriterad försörjning." "Och kommunen?"

Lena skakade på huvudet.

"Vi har inte fått i gång nödvattnet. Vi saknar tankbilar och har ingen fungerande plan för att distribuera det. Vi har heller ingen fungerande information ut till invånarna om var de kan hämta vatten när vi väl får det på plats." Annika stängde ögonen och masserade sin panna. "Så du menar att vi fortfarande inte har vatten åt befolkningen?"

"Nej."

Tystnad

Det var inte så här det skulle vara, de hade alltid trott att när krisen väl kom, skulle kommunen vara redo. Men nu satt de här och kämpade för att ens förstå vad de kunde göra.

08:00 – "Varför är det vårt ansvar?"

Kommunens telefoner fungerade inte längre, men en del tjänstemän hade kortvågsradio och kunde fortfarande ta emot en del meddelanden. Rapporterna som kom in var alltmer alarmerande. Människor börjar gå samman och kräva svar. Det finns ingen fungerande plan för att hjälpa de mest utsatta – äldre, sjuka och barnfamiljer.

Desperationen ökar

Peter satte sig ner på en stol, skakade på huvudet. "Jag fattar inte hur vi har hamnat här. Vi har ju pratat om hemberedskap i flera år nu. Varför har folk inget vatten hemma?" Lena, som hade försökt hantera vattenfrågan, suckade. "För att de aldrig trodde att det skulle hända." Annika la armarna i kors. "Men vi har ju informerat. MSB har sagt att folk ska klara sig i sju dagar. Vi har haft kampanjer!" "Ja, och hur många lyssnade?" sa Peter torrt. Ingen sa något. De visste svaret. Nästan ingen.

10:00 – För mycket ansvar på för få personer

I sjukhuskorridorerna var det trångt och stressigt. Läkare och sjuksköterskor hade jobbat i tre dygn utan tydliga riktlinjer. En läkare, Tobias, stannade upp och lutade sig mot en vägg. Hans ögon var rödsprängda av trötthet. Han visste att vårdpersonalen var nära sin bristningsgräns. Sjukvården var fortfarande i gång – men på en skör tråd.

Ambulanser körde bara på bränslereserv

Människor kom in med vätskebrist och nedkylning

Enkla infektioner och sår kunde inte behandlas ordentligt

Och ändå – ändå hade samhället inte riktigt kollapsat ännu. Men hur länge kunde det hålla?

12:00 – Frustrationen växer

Tillbaka i kommunhuset gick diskussionerna hetare än tidigare. "Vi kan inte hålla på att lösa individers problem," sa en av de yngre tjänstemännen, Martin, och slog ut med händerna. "Vi ska hålla i gång kommunen, inte se till att folk har vatten hemma!"

"Men om folk svimmar av vätskebrist?" svarade Lena skarpt. "Ja, det är ju problemet, eller hur?" sa Peter. "Vi har byggt ett samhälle där ingen förväntas ta ansvar för sin egen beredskap längre."

Tystnad

Alla visste att han hade rätt.

15:00 – Ingen lösning i sikte

Människor samlades utanför kommunhuset, krävde svar. "Ni måste göra något!" skrek en äldre kvinna. "Jag har barn hemma som inte har druckit vatten senaste dygnet, bara lite läsk" Tjänstemännen såg ut genom fönstret, ingen visste vad de skulle säga, för de hade fortfarande ingen lösning.

18:00 – En del börjar lämna

Några tjänstemän, de som inte hade familj här, började packa ihop. "Jag kan inte göra något här längre," sa en av dem, en kvinna som arbetade med administration. "Du menar att du ger upp?" sa Annika. Kvinnan såg på henne. "Vad ska jag göra? Vi har ingen plan, vi har ingen kraft, vi har ingenting att ge folket. Och om folk börjar bli desperata... då kommer de inte att lyssna längre." Hon tog sin väska och gick. Och Annika insåg att hon kanske inte hade fel.

22:00 – Vad händer nu?

Staden var mörk, kall, fylld av oro. Kommunhuset var fortfarande i gång, men knappt. Alla väntade fortfarande på att någon högre upp skulle ta kommandot. Men staten var lika handlingsförlamad. Och inne i byggnaden satt Annika, Peter och Lena och stirrade på varandra. De visste alla samma sak nu. De hade misslyckats. De hade trott att de hade en plan. Men nu, efter tre dygn av kris, insåg de sanningen: Kommunen var lika oförberedd som invånarna. Och ingen visste hur det här skulle sluta.

När krisen börjar slå på riktigt

Dag 4

Vi har förlorat kontrollen

Den fjärde dagen började inte med en gryning, det var fortfarande mörkt, inte bara för att solen fortfarande låg under horisonten, utan för att hela samhället nu kändes tyngre, mörkare, farligare. Det var här det började förändras på riktigt. De tre första dagarna hade varit en kamp mot osäkerheten. Men nu började det verkliga förfallet, nu var det inte längre en fråga om att försöka hålla ut, nu handlade det om att överleva.

Natten hade varit kallare än tidigare, och när morgonen sakta grydde över den krisdrabbade staden låg ett tunt lager frost på gatorna. Husen, som redan varit mörka och ödsliga de senaste dygnen, såg nu ännu mer övergivna ut, bakom gardinerna i många av bostäderna satt människor hopkurade under filtar, desperata att hålla kvar den sista värmen. I några lägenheter låg barn insvepta i jackor och halsdukar, huttrande i sängen, medan deras föräldrar försökte trösta dem utan att själva veta hur de skulle klara sig genom dagen.

Den fjärde dagen var här, och för första gången började det kännas som att samhället höll på att ge upp. Under de första två dygnen hade människor fortfarande haft hopp. De hade stått i köer utanför matbutiker och kommunhus, väntat på att information skulle komma, trott att strömmen snart skulle vara tillbaka och att vattnet snart skulle rinna ur kranarna igen. Men nu, efter tre dygn utan el och utan vatten, började de flesta förstå att ingen lösning var i sikte.

Gatorna var inte längre fyllda med människor som letade efter information. I stället såg man dem röra sig mer planlöst, tysta och med tomma blickar, som om de sakta börjat acceptera att det här var deras nya verklighet.

06:00 – Kylan biter sig fast

Morgonen var inte som andra morgnar, det fanns inga uppvaknanden till ljudet av kaffebryggare eller brödrostar. Ingen satte på radion för att lyssna på nyheterna, i stället vaknade människor i kalla rum, deras kroppar stela av den fuktiga och bitande kylan. Flera hushåll hade redan förlorat all värme, och temperaturen inomhus låg nu farligt nära nollstrecket.

De som fortfarande hade något brännbart i sina hem – ljus, ved, kanske några blockljus som köpts inför julen – tände dem nu i desperata försök att skapa lite värme. Men det var inte längre någon illusion av normalitet, ingen visste hur länge de skulle behöva uthärda.

På vissa ställen började vattenledningar frysa, utan värme i fastigheterna började de rör som fortfarande hade rester av vatten i sig att spricka, vilket gjorde situationen ännu värre. De få som fortfarande kunde hämta någon vätska ur sina ledningar såg sina sista droppar rinna ut, utan någon möjlighet att ersätta det.

Många försökte samla regnvatten, men det hade varit torrt de senaste dagarna. De som hade varit förutseende nog att ha hinkar eller baljor på balkonger eller i trädgårdar hade en sista nödförsörjning, men det räckte inte länge.

Värst var det för de som fortfarande trodde att hjälpen skulle komma snart.

08:00 – Kommunens försök att informera

Utanför kommunhuset hade en grupp människor samlats, precis som dagen innan. Men denna gång var de färre, och de som var där såg annorlunda ut. Tidigare hade det funnits en viss ordning – människor hade stått i kö, väntat, hoppats. Nu stod de där i klungor, några tysta, andra högljudda och arga. En anslagstavla hade satts upp utanför entrén. På ett papper, skrivet med svart tuschpenna, stod det: "Vi arbetar med att få fram nödvatten. Vi kommer att informera er så snart det finns en lösning." Men det var just det som skapade irritation. För hur länge skulle de vänta? Människor började diskutera högljutt, vissa ropade frågor utan att få några svar. "Vad betyder 'så snart som möjligt'? Är det idag? Är det imorgon?!" "Min son har inte druckit senaste dygnet! Vad ska jag göra?"

Inne i byggnaden satt kommunens krisledning i ett litet konferensrum, med trötta ansikten och papper utspridda över bordet. De var lika frustrerade som invånarna utanför, de ville hjälpa, men sanningen var att de fortfarande inte hade någon fungerande lösning. Det fanns inga tankbilar att skicka ut, de hade ingen plan för hur de skulle få fram mer vatten. Det enda de kunde göra var att försöka hålla situationen under kontroll – men även det började bli omöjligt.

10:00 – Polisen är överbelastad

Vid polisstationen var situationen kaotisk. Människor kom dit i desperation, vissa för att anmäla inbrott, andra för att söka skydd. Några var så utmattade av törst och kyla att de kollapsade på plats, Polisen gjorde sitt bästa för att hålla ordning, men deras resurser var på väg att ta slut. De kunde inte längre svara på alla anmälningar, de hade inga extrapatruller att skicka ut, och de som var i tjänst var redan utmattade. En av poliserna, en medelålders man vid namn Stefan, stod i receptionen och försökte hantera en kö av upprörda människor. "Vi kan inte göra mycket just nu," sa han när en äldre kvinna, gråtandes, bad om hjälp efter att ha blivit rånad på sin sista vattenflaska. "Vi har fullt upp med att försöka hålla ordning. Vi ber er att hålla er lugna."

Men kvinnan stirrade på honom med en blick av ren hopplöshet. "Vad menar du med 'hålla oss lugna'?" sa hon med sprucken röst. "Jag har ingenting kvar. Vad ska jag göra? Vad ska jag dricka?" Stefan kunde inte svara.

För han visste inte

15:00 – De första sammandrabbningarna

När människor blir desperata börjar de agera annorlunda. Vid ett bostadsområde i utkanten av staden hade en grupp på fem personer samlats utanför en av lägenhetsportarna. Rykten hade spridits om att någon i byggnaden hade ett större vattenförråd, till en början knackade de bara på, men när ingen svarade började de slå på dörren. Snart hördes skrik inifrån huset.

Någon krossade en ruta

Det som tidigare varit en civiliserad situation hade nu börjat urarta, människor började ta vad de behövde – med våld om det krävdes.

18:00 – Mörkret faller och rädslan växer

När kvällen närmade sig låg en annan sorts tystnad över staden, det var inte längre bara en stad utan el, det var en stad som höll andan. Människor som fortfarande hade resurser vågade inte visa det. Barnen frågade sina föräldrar "när blir allt som vanligt igen?" men ingen kunde längre svara. Alla visste nu att det här var på väg att bli något mycket värre än vad de först hade trott. Och för första gången började människor på riktigt känna att de kunde dö av det här.

22:00 – Vad händer nu?

När natten föll var frågan på allas läppar: "Hur länge till ska vi hålla ut?" Men svaret var skrämmande enkelt. Så länge som krävs. För det fanns inget annat val.

Dag 4
Lisa – krisnivå 0

"Jag måste bort härifrån – annars överlever jag inte."

Lisa låg orörlig på soffan, hennes blick fastnaglad i taket där skuggorna från det svaga dagsljuset sakta förflyttade sig. Hennes läppar var spruckna och torra, och varje försök att fukta dem kändes meningslöst, det fanns ingen saliv kvar, inget som kunde lindra den brännande känslan i halsen. Hennes kropp skrek efter vatten, men det fanns inget att dricka, ingen hjälp att få, ingen lösning som kunde rädda henne ur den situation hon försatt sig i. Hon blundade hårt, men den dunkande huvudvärken gjorde det omöjligt att sjunka tillbaka i sömn.

När hon långsamt satte sig upp kändes det som om hela rummet snurrade runt henne, hennes muskler protesterade, och hon var tvungen att hålla sig i soffkanten för att inte falla omkull. Hon insåg att hon hade nått gränsen – hon kunde inte fortsätta så här, utan vatten skulle hon inte överleva mer än något dygn till, och det var en insikt som skrämde henne på ett sätt hon aldrig tidigare upplevt. Det var en sak att förstå att vatten var viktigt i teorin, en helt annan att känna törsten slita i kroppen som en fysisk plåga.

Tankarna for genom hennes huvud. Skulle hon lämna lägenheten för att leta efter vatten? Skulle hon försöka be någon om hjälp? Tanken på att gå till en granne gjorde henne illa till mods. Det var alldeles för sent att börja fråga nu, det hade hon insett redan igår när hon stått utanför grannens dörr och inte ens förmått sig att knacka. Alla som hade något kvar, kämpade för att skydda det, och det var hon själv som hade satt sig i den här situationen genom att aldrig ha förberett sig. Hon hatade känslan av skam som spred sig i bröstet. Hon hade litat blint på att samhället alltid skulle fungera, att det alltid skulle finnas någon som kunde lösa problemen. Nu insåg hon att hon var ensam. Ingen skulle komma för att rädda henne.

Hon stirrade på den tomma diskhon i köket, på sin oanvända vattenkokare och det orörda kaffepaketet som stod på bänken. Det hade en gång varit en självklarhet att hon kunde fylla vattenkokaren, slå på en knapp och få varmt vatten på några sekunder. Nu fanns ingenting kvar, och det enda hon kunde tänka på var att hon hade tagit allting för givet. Hur hade hon kunnat vara så naiv? Hon insåg att hon inte kunde sitta här längre. Hon behövde ta sig ut och försöka hitta vatten, hur desperat situationen än var.

När hon öppnade dörren och klev ut i trapphuset kändes det som att hon rörde sig i en värld som förändrats bortom all igenkänning, den annars så trygga byggnaden kändes ödslig och kall, som om den redan övergivits av sina invånare. Hon gick långsamt ner för trapporna, försökte ignorera den svindlande känslan i huvudet. När hon kom ut på gatan möttes hon av en stad hon knappt kände igen.

Människor rörde sig längs trottoarerna, men inte som vanligt. Det var något i deras steg, i deras blickar, som vittnade om att allt hade förändrats. Ingen såg henne i ögonen, ingen log, ingen stannade upp för att prata. De som gick längs gatorna gick snabbt, vaksamt, som om de ville undvika att bli stoppade. Hon passerade en butik där fönstren var krossade, glasskärvor låg utspridda över trottoaren, och där inne ekade tomma hyllor i en affär som en gång varit fylld med livsmedel. Hon hade redan förstått att det var för sent att hitta något i butikerna, men att se det med egna ögon fick en ny våg av panik att skölja över henne.

Hon fortsatte gå, även om varje steg var en ansträngning. Hon visste inte ens vart hon var på väg, men hon kunde inte vända hem tomhänt. Efter ett tag såg hon en bekant person – Elin, en gammal klasskamrat som hon inte sett på flera år. För en sekund fylldes Lisa av en irrationell glädje över att se någon hon kände, men den känslan försvann snabbt när hon såg Elins ansikte. Det var något i hennes blick, något hårt och misstroget, som fick Lisa att tveka.

Hon tvekade bara en sekund innan hon ändå gick fram och försökte le, även om hennes röst var svag när hon pratade. "Elin... vet du var man kan få tag på vatten?"

Elin såg på henne utan att säga något. I några långa sekunder granskade hon Lisa, och istället för den hjälpande hand Lisa hoppades på, såg hon bara kyla i blicken. Sedan skrattade Elin, men det var inget vänligt skratt. "Vatten? Tror du att någon bara delar med sig av vatten nu?"

Lisa kände hur hennes mage knöt sig. "Jag... jag har ingenting kvar," försökte hon. Elin höjde på ögonbrynen, och sedan ryckte hon på axlarna. "Inte jag heller." Utan ett ord mer vände hon sig om och gick.

Lisa stod kvar, stirrade efter henne medan paniken växte inom henne. Hon hade in i det sista hoppats att någon skulle hjälpa henne, men nu förstod hon att ingen skulle göra det. Hon var ensam.

På väg tillbaka till sin lägenhet visste hon att hon måste ta ett beslut. Hon kunde inte stanna här längre, hon var tvungen att lämna stan, men hon visste inte vart hon skulle ta vägen. Hon hade ingen bil, inga resurser, ingen plan. Närmaste släkt fanns många mil bort, och utan bussar eller transportmedel fanns det inget sätt att ta sig dit. Hon försökte tänka på andra alternativ, men inga dörrar stod öppna.

Hon började tänka på järnvägsspåret som gick utanför staden. Kanske kunde hon följa det, kanske kunde det leda henne någonstans där hon kunde få hjälp. Men hur långt skulle hon orka gå? Hon var redan svag, och hon visste att om hon började vandra utan någon form av plan, skulle hon kanske aldrig komma fram. Men att stanna i stan var inget alternativ längre.

När hon kom hem packade hon en liten ryggsäck, visste inte ens vad hon skulle ta med sig men tog det lilla som fanns kvar. Hon såg sig omkring i sin lägenhet och kände en sorg hon inte varit beredd på. Hon hade bott här i flera år, skapat ett liv här, känt sig trygg. Nu var det inte längre en plats där hon kunde vara. Nu var det en fälla.

Hon sjönk ner på soffan, kände hur kroppen skrek efter vila men visste att hon inte kunde ge efter för tröttheten. Hon hade en lång väg framför sig, och hon visste att hon inte hade råd att tveka längre.

Imorgon skulle hon lämna allt bakom sig.

Och hon visste att det inte fanns någon garanti för att hon skulle överleva.

Dag 4
Johan – krisnivå 1

"Vad har jag att erbjuda mina barn?"

Johan vaknade av att han frös. Han låg hopkurad under sin filt på soffan, men det var som om kylan hade trängt in i benen, in i märgen, och ingen mängd tyg kunde hålla den ute längre. Han hade alltid trott att han var en person som kunde anpassa sig, att han kunde klara sig genom det mesta, men den här morgonen kände han sig mer sliten än han någonsin gjort. Han försökte sträcka på sig men stannade halvvägs när han kände hur musklerna protesterade. Kroppen var utmattad, och han insåg att han hade sovit dåligt – igen.

Det hade blivit en vana att ligga vaken och lyssna. Inte för att han förväntade sig något särskilt ljud, utan för att han visste att tystnaden var bedräglig. Det fanns inga garantier längre, ingen trygghet. Och idag var den viktigaste dagen hittills. Idag skulle han hämta sina barn.

Han satte sig sakta upp och drog händerna genom sitt rufsiga hår, för bara några dagar sedan hade han känt sig relativt trygg i sin beredskap. Han hade mat, han hade vatten, han hade en plan. Men nu, efter tre dygn utan el och utan att veta hur länge det här skulle pågå, insåg han att han inte hade tillräckligt. Han hade levt snålt, dragit ner på sitt eget intag för att spara inför barnens ankomst, men trots det kände han att hans reserver krympte fortare än han hade förväntat sig.

Han gick ut i köket och öppnade ett köksskåp där han förvarade sitt vattenförråd. En dunk var helt tom. Den andra var halvfull. Han insåg att han knappt hade 10 liter kvar. När han fyllde dunken för fyra dagar sedan hade han trott att den skulle räcka längre, men nu, när han såg på den, kändes den skrämmande liten. Två barn, plus honom själv – hur länge skulle det hålla?

Han satte sig ner vid köksbordet och stirrade tomt på dunkens blå plast. Han behövde en plan. Han kunde inte bara åka och hämta barnen och tro att allt skulle lösa sig av sig självt. Men vad skulle han säga till sitt ex? Hon hade aldrig förstått hans hemberedskap, alltid skämtat om att han var paranoid när han började prata om hemberedskap. Och nu skulle han behöva möta henne och se hur hon hade hanterat de senaste dagarna.

Hans mage kurrade och påminde honom om att han inte hade ätit ordentligt på länge. Han tog fram en burk konserverad tonfisk, en av de få saker han hade kvar som kunde ge honom någon form av energi. Han åt den direkt ur burken, tuggade långsamt medan tankarna snurrade i hans huvud.

Vad skulle han göra om han insåg att hans ex och barnen knappt hade någon mat kvar? Skulle han ta med sig barnen hit och försöka klara sig med sina egna resurser? Men hur länge skulle det räcka? Han hade inte planerat för att ha två extra munnar att mätta under en längre period. Han hade trott att han var förberedd, men nu insåg han att han bara hade skapat en illusion av kontroll.

08:00 – En förändrad värld utanför dörren

När han gick ut genom dörren insåg han genast att staden inte längre var densamma som den varit för några dagar sedan.

Gatorna var tommare, men de människor som fanns ute såg annorlunda ut nu. De gick tysta, med sänkta huvuden och snabba steg, som om de ville undvika att bli sedda. Det fanns en misstänksamhet i luften som inte hade funnits där tidigare.

Johan kände hur han instinktivt drog jackan tätare om sig och försökte se obemärkt ut när han gick mot sin bil. Han visste att folk började bli desperata, och en bil som fortfarande fungerade kunde vara en risk i sig. Han försökte att inte tänka på det när han startade motorn och började köra genom stadens gator.

Han passerade en butik där fönstren var krossade och plundrade hyllor gapade tomma. Det hade redan börjat – människor väntade inte längre. De tog vad de kunde få tag på. Han såg hur några män stod och pratade vid en av ingångarna till ett flerbostadshus. De såg inte ut att prata om vädret.

Han ville inte tänka på vad som skulle hända om krisen fortsatte en vecka till.

10:00 – Återföreningen

När han svängde in på gatan där hans ex bodde, kände han en klump i magen. Han klev ur bilen och gick mot porten, men innan han ens hann trycka på ringklockan öppnades dörren och han såg henne stå där. Hon såg utmattad ut, blek och trött, hennes ögon hade mörka ringar under sig. När hon såg honom drog hon ett djupt andetag, men sa ingenting.

"Jag kom för barnen," sa Johan.

Hon skakade på huvudet och skrattade kort, men det fanns ingen glädje i ljudet. "Tror du att det är så enkelt?" sa hon, och Johan såg för första gången på riktigt hur illa de hade det. Bakom henne skymtade han vardagsrummet. På bordet låg tomma vattenflaskor. Köket var mörkt. Det fanns ingen mat framme. "Vi har knappt något vatten kvar," sa hon, och hennes röst var tunn, nästan trasig. "Barnen har varit törstiga hela natten."

Johan kände en iskall klump i magen.

Han hade vetat att det skulle vara svårt, men han hade inte förstått hur illa det verkligen var.

"Jag kan ta dem med mig," sa han, men hon skakade på huvudet. "Vart då?" frågade hon. "Tror du att du har tillräckligt med mat och vatten för dem? Hur länge tror du att det räcker?" Johan öppnade munnen för att svara men stängde den igen. Han visste inte, han trodde inte längre på sina egna förberedelser.

Han hade ingen plan.

Hans ex såg på honom, och för första gången på länge såg han något annat än irritation i hennes blick, hon var rädd. Och hon visste att han också var det, han stod där, i dörröppningen, och insåg att han var tvungen att fatta ett beslut. Skulle han ta med sig barnen hem, trots att han visste att han själv knappt hade resurser kvar? Eller skulle han stanna här, hos sin familj, och försöka hitta ett sätt att klara sig tillsammans med dem? Johan hade alltid sett sig själv som någon som kunde hantera en kris, men nu stod han handfallen inför den mest grundläggande frågan i hans liv. Hur skulle han skydda sina barn? Och fanns det ens ett rätt svar?

Dag 4
Kerstin – krisnivå 2

"Jag trodde att jag var förberedd – men jag var inte redo för det här." När Kerstin vaknade kände hon direkt att något var fel, hela hennes kropp var tung och svettig, som om någon tryckt en het filt över henne under natten. Hon försökte sträcka på sig men kände hur varje muskel värkte, huvudet bultade, halsen brände, och hon kände sig yr när hon långsamt satte sig upp i sängen.

Hon hade haft en otäck hosta redan dagen innan, men hon hade tänkt att det var trötthet, stress eller kanske bara den kalla, fuktiga luften i lägenheten. Hon hade ju fortfarande mat och vatten, hon hade försökt hålla sig varm med filtar och ljus, men inget av det spelade någon roll nu.

Hon lyfte handen till pannan och kände hur huden brände under fingertopparna, hon behövde få ner febern, hon behövde vila och dricka vatten. Men det var då hon insåg hur allvarlig situationen verkligen var.

Vattnet

Hon hade förbrukat mer än hon räknat med de senaste dagarna. Hon hade trott att hon hade tillräckligt, men nu började hon förstå att hennes förråd inte var obegränsat. Hon stapplade ut till köket och tog fram en av sina vattenflaskor, men handen skakade när hon försökte skruva av korken. När hon äntligen fick i sig några klunkar kändes det som om vattnet rann genom en hals av sandpapper. Hon hostade våldsamt, kände hur smärtan rev i bröstet.

Hon var sjuk. Riktigt sjuk. Och hon behövde hjälp.

07:30 – 112 är det enda som fungerar

Hon hade försökt ringa sin vårdcentral, men telefonen gav ifrån sig en död ton. Hon hade försökt ringa sjukvårdsrådgivningen, men det var samma sak där. Inga samtal gick igenom. Det var då hon bestämde sig för att ringa 112. Efter flera signaler svarade en kvinna med trött röst.

"112, vad gäller det?"

Kerstin tog ett djupt andetag, men hostade så hårt att hon knappt kunde tala. "Jag... jag har nästan 40 graders feber och svårt att andas. Jag tror att jag har en lunginfektion." Operatören tvekade. "Är du vid medvetande?" "Ja, men jag... jag kan knappt stå upp." "Vi har väldigt långa väntetider för sjuktransporter. Det finns ambulanser ute, men de är prioriterade för akuta livshotande tillstånd." Kerstin kände hur en klump växte i magen. "Så vad ska jag göra?" "Om du kan ta dig till en läkare själv, så rekommenderar vi att du gör det." Kerstin kände sig kall trots febern. Det här var inte vad hon hade förväntat sig. Hon hade trott att sjukvården alltid skulle finnas där.

Men nu var hon ensam

08:30 – En resa genom en förändrad stad

Det tog henne nästan en halvtimme att bara ta sig ut genom dörren. Hennes ben kändes tunga och instabila, och varje steg var en kamp, det var som om hennes kropp var ett enda stort motstånd mot att röra sig.

Hon visste att det fanns en vårdcentral några kilometer bort, men hur skulle hon ta sig dit? Bussarna gick inte längre Hon hade ingen bil.

Och hon visste att hon var för svag för att gå hela vägen. När hon kom ut på gatan insåg hon att staden hade förändrats ännu mer sedan dagen innan.

Människor rörde sig tyst, med trötta ögon och sammanbitna ansikten. Misstänksamheten i luften var tydligare nu, hon såg hur några personer stod vid en butik och grälade om en vattendunk.

Hon försökte ignorera dem och fokuserade i stället på att hålla sig upprätt. Hon visste att hon behövde be om hjälp, men vem skulle ens hjälpa henne nu?

Hon såg en man med en cykel stå och prata med någon i ett trapphus. Med svaga steg tog hon sig fram till honom.

"Snälla... kan du hjälpa mig?" hennes röst var hes och svag. Mannen såg på henne, och hon såg hur han tvekade. "Vad behöver du?"

"Jag... jag måste ta mig till vårdcentralen."

Han drog handen genom håret, såg sig omkring som om han letade efter en ursäkt för att slippa hjälpa henne. "Jag vet inte... jag behöver själv ta mig utanför stan." Kerstin försökte hålla tillbaka paniken. "Snälla, jag kan betala dig. Jag har lite mat hemma." Det var som om något i honom mjuknade. Han nickade långsamt och räckte henne cykeln. "Hoppa upp, jag skjutsar dig dit." Hon kunde knappt tro att han faktiskt sa ja. Hon tog emot hans hjälpande hand och kämpade sig upp på pakethållaren. Sedan trampade han i väg.

10:00 – Kaos i vården

När de kom fram till vårdcentralen insåg hon att det var värre än hon trott. Utanför byggnaden stod människor i långa rader. Vissa satt hopkurade på marken, andra höll sina barn i famnen och försökte hålla dem varma. Hon hörde någon skrika på en sjuksköterska: "Vi har varit här i sex timmar, och ingen har ens tittat på oss!" Inne i väntrummet var situationen ännu värre. Sjukvårdspersonalen rörde sig som skuggor genom rummen, deras ansikten var märkta av trötthet, hon såg en sjuksköterska stå och försöka övertyga en äldre kvinna att gå hem, men kvinnan skakade bara på huvudet. "Jag kan inte gå hem," viskade hon. "Jag har ingenstans att ta vägen." Kerstin försökte luta sig mot väggen men kände hur hela kroppen skakade. Hon kunde knappt hålla sig upprätt längre.

Efter en evighet blev hon äntligen insläppt till en läkare, han såg ut att ha varit vaken i tre dygn, men han tog sig ändå tid att lyssna på hennes andning och tog hennes temperatur. "Du har dubbelsidig lunginflammation," sa han utan att ens försöka linda in det. Kerstin kände hur hela världen började snurra.

"Vad… vad gör vi?"

Han suckade. "Du behöver antibiotika och mycket vätska. Problemet är att vi har ont om mediciner och inget intravenöst dropp." Kerstin blev kall av skräck. "Lunginflammation kan bli farligt," fortsatte han. "Du måste dricka så mycket vatten du kan. Annars kan du bli riktigt dålig."

Vatten. Hon hade knappt något vatten kvar hemma. Hon stirrade på honom, men han bara ryckte på axlarna. "Det är allt jag kan göra. Det är upp till dig nu." Hon hade alltid trott att samhället skulle ta hand om henne. Nu visste hon att hon var ensam. Och det var en insikt som skrämde henne mer än själva sjukdomen.

Dag 4
När samhället faller isär

"Ingen trodde att det skulle gå så här snabbt." Det hade gått fyra dygn. Fyra dagar sedan ljusen slocknade, sedan vattnet slutade rinna ur kranarna, sedan vardagens självklarheter byttes ut mot en brutal verklighet. Det som började som en störning hade nu blivit en kollaps. Staden hade förändrats. I början hade människor försökt hålla fast vid sina rutiner, intalat sig att krisen snart skulle vara över. Men nu, på fjärde dagen, var det ingen som längre pratade om att "vänta ut det".

Nu handlade det om att överleva

Och för Lisa, Johan och Kerstin var det en dag av tunga insikter, förlorade illusioner och omvälvande beslut.

Lisa – krisnivå 0
"Jag kan inte vara kvar här."

Lisa satt på sin soffa, insvept i en filt, men det gav ingen värme längre. Hennes kropp var svag, musklerna trötta, huvudet bultade av uttorkning. Törsten hade tagit över allt. Det fanns ingenting annat att tänka på längre. Hon visste inte hur många timmar hon hade stirrat mot fönstret, men det spelade ingen roll. Inget spelade längre någon roll utöver en enda sak: hon måste ha vatten, det gick inte längre att bara dricka läsk och vin.

Hennes fingrar vilade på mobiltelefonen, en reflex mer än något annat. Den var död sedan två dagar tillbaka, men hon höll fortfarande fast vid den, som om den kunde ge henne trygghet. Som om hon bara behövde slå in ett nummer och någon skulle komma och rädda henne Men ingen skulle rädda henne.

Hon hade gått ut, sett butikerna med krossade fönster, sett de tomma hyllorna och människorna som rörde sig genom staden som skuggor. Hon hade insett det då, men det var först nu, här i sin egen lägenhet, som insikten verkligen slog rot. Hon kunde inte vara kvar här. Hon hade alltid sett sitt hem som en trygg plats, en plats där hon kunde vänta ut en kris om det någon gång skulle hända. Men den här krisen var inte något man väntade ut. Den här krisen åt upp en bit i taget, och till slut skulle den ta allt. Hon hade ingen mat, inget vatten, ingen hjälp att vänta sig. Hennes enda chans var att ta sig härifrån.

Men hur?

Hon hade ingen bil, inga resurser. Närmaste släkting fanns många mil bort, och hon visste att hon aldrig skulle orka gå så långt. Men att stanna kvar betydde att långsamt förlora kampen mot uttorkning och svält. Hon hade inget val. I morgon måste hon lämna allt bakom sig.

Johan – krisnivå 1
"Vad händer när jag inte längre kan skydda mina barn?"

Johan satt vid sitt köksbord, fingrarna knäppta framför munnen medan han stirrade på vattendunken framför sig. Han borde inte ha tagit med sig barnen hem, han borde ha sett det tidigare, förstått att han inte hade resurser att ta hand om dem. Men vad skulle han ha gjort? Lämnat dem kvar hos deras mamma, där de knappt hade någon mat och inget vatten alls? Nej. Det hade inte varit ett alternativ. Men nu... nu satt han här och insåg att han var lika hjälplös som alla andra.

När han hade börjat med sin hemberedskap hade han sett sig själv som någon som skulle klara sig genom det värsta. Han hade förberett sig, han hade skaffat mat och vatten, men det visade sig nu att han inte hade förstått vad det innebar att överleva på riktigt. För förråden tog slut snabbare än han hade trott. Och värre än så – han såg rädslan i sina barns ögon. De hade frågat honom när de skulle få äta riktig mat igen. När ljuset skulle komma tillbaka. När de kunde gå tillbaka till skolan. Han hade inga svar. Och han hatade sig själv för det. Han insåg det nu: han hade förberett sig för ett kortvarigt avbrott, men han hade inte förberett sig för att samhället skulle sluta fungera och nu var han fast i en verklighet där han snart inte kunde skydda sina barn längre. Och den insikten brände mer än hungern i magen.

Kerstin – krisnivå 2
"Ingen kommer att hjälpa mig."

Kerstin låg på sin madrass, svettig och darrande, medan febern pulserade genom hennes kropp. Hon var en person som alltid hade varit förberedd, hon hade sett till att hon hade mat och vatten hemma. Hon hade trott att det var tillräckligt. Men vad hon aldrig hade förstått var att krisberedskap inte bara handlade om att ha förråd – det handlade om att överleva det oväntade. Och nu, med en dubbelsidig lunginflammation och en kropp som skrek efter vätska, insåg hon att hennes förråd inte spelade någon roll längre. Hon behövde medicin. Hon behövde mer vatten Hon behövde hjälp. Men det fanns ingen hjälp att få.

Hon hade varit på vårdcentralen. Hon hade sett det med egna ögon. Läkare och sjuksköterskor gjorde vad de kunde, men de hade inga resurser kvar. De kunde ge henne en diagnos, men inte mycket mer. Det var upp till henne nu.

Och om hon inte lyckades få i sig tillräckligt med vätska, om hon inte lyckades hitta medicin. Då var det inte säkert att hon skulle överleva. Hon kände sig mer ensam än någonsin tidigare, hon hade alltid trott att när en kris kom, så skulle samhället finnas där. Men nu, fyra dagar in i en kollaps, hade hon insett sanningen. Samhället fanns inte längre.

När insikten slår rot

Lisa, Johan och Kerstin var alla på olika platser, hade olika förutsättningar. Men de tänkte alla samma sak den här kvällen. Hur kunde det gå så här snabbt? Hur kunde samhället, som alltid hade varit en trygghet, förvandlas till något så främmande, så kallt, så obarmhärtigt – på bara fyra dygn?

De var inte ensamma om att tänka så

Över hela staden låg människor vakna och stirrade upp i taket, lyssnade på ljuden utanför, kände oron gnaga som en råtta i magen. Det fanns inga svar längre. Det fanns bara en ny verklighet. Och den var råare, kallare och farligare än någon av dem någonsin hade kunnat föreställa sig. Morgondagen skulle bli ännu värre och de visste alla att de inte var redo.

Dag 4
Sverige faller samman

"Vi har förlorat kontrollen."

På morgonen den fjärde dagen började en ny verklighet ta form, en verklighet där kaoset inte längre var begränsat till enstaka kommuner utan södra delen av Sverige var påverkad. Det hade börjat som en lokal katastrof, där några få städer och samhällen drabbats av ett simultant avbrott i både vatten- och elförsörjningen. Men under natten hade krisen spridit sig i en takt ingen hade förutsett.

När gryningen sakta kröp fram över landet stod över halva Sverige inför exakt samma situation som de första drabbade kommunerna. Flera miljoner människor vaknade upp till en fjärde dag utan fungerande infrastruktur, och nu gick det inte längre att ignorera allvaret. Inga reservsystem fanns kvar att lita på, ingen tillfällig åtgärd kunde hålla situationen i schack längre. Samtliga kommuner gick upp i stabsberedskap, men för de flesta handlade det inte längre om att försöka rädda det som redan gått förlorat. Nu var det en fråga om ren överlevnad.

De första signalerna om att det var värre än befarat kom tidigt på morgonen. Myndigheten för samhällsskydd och beredskap (MSB) hade fått rapporter från länsstyrelserna om att 64 av Sveriges 290 kommuner nu hade problem med vattenförsörjningen, och att ingen förbättring var i sikte. Rapporterna blev allt mörkare ju längre tiden gick. Det var inte längre bara enstaka sjukhus och vårdcentraler som hade ont om resurser – hela sjukvårdssystemet var på väg att kollapsa. Det som först hade setts som en hanterbar kris höll nu på att förvandlas till en katastrof av sällan skådat slag.

Vid rikspolisens högkvarter i Stockholm var stämningen tryckt. De senaste timmarna hade situationen ute i landet förändrats drastiskt. Rapporter om plundringar, våldsbrott och organiserade grupper som började ta lagen i egna händer blev allt fler. Polisen hade i början av krisen försökt hålla kvar vid den ordning som fanns, men nu var det omöjligt. Det fanns inte längre tillräckligt med resurser att skicka ut patruller. De som fortfarande jobbade ute i fält var överbelastade, utmattade och demoraliserade. En polischef i en av landets större städer satt vid sitt skrivbord och stirrade på en karta där områden med ökande brottslighet var markerade med röda prickar.

"Vi kan inte hantera det här längre," sa han tyst. "Vi tappar kontrollen." Hans ord bekräftade det som alla redan visste. Polisen hade nått sin gräns.

Under förmiddagen höll landets kommuner krismöten i ett desperat försök att koordinera någon form av respons. Men problemen var desamma överallt. Reservkraften till vattenverken började ta slut, och de vattenreserver som fanns kvar sjönk i oroande takt. Livsmedelsbutikerna i de större städerna var redan totalt länsade, och på flera håll fanns rapporter om att även små lokala lager och distributionscentraler nu började tömmas av desperata människor.

Kommunerna som ännu inte hade drabbats av den fulla krisen insåg nu att det bara var en tidsfråga innan de också stod utan vatten och el. De försökte ta fram åtgärdsplaner, men utan fungerande transporter, utan el och utan stöd från polisen var det svårt att genomföra ens de enklaste insatserna.

Vid Regeringskansliet i Stockholm rådde en kuslig tystnad. Inget officiellt uttalande hade kommit från statsministern, ingen minister hade ställt sig framför kamerorna för att förklara vad som pågick. Det var inte för att de inte ville – det var för att de inte visste vad de skulle säga. Under de första dagarna av krisen hade man väntat på att läget skulle stabiliseras, men nu var det uppenbart att det inte skulle ske.

I ett av konferensrummen satt en grupp rådgivare och diskuterade vad som borde göras. "Vi måste ge folket en förklaring," sa en av dem. "De börjar få panik." "Men vad ska vi säga?" sa en annan. "Att vi inte har någon lösning? Att vi inte kan göra någonting?"

Tystnaden som följde var talande

Ingen ville säga det högt, men de visste att de inte längre hade någon kontroll över situationen. Samtidigt, ute i samhället, började stämningen förändras. På gatorna rörde sig människor snabbare, mer misstänksamt. De som fortfarande hade något att skydda – mat, vatten, medicin – började hålla sig undan. De som redan förlorat allt började leta efter sätt att ta det de behövde. I ett bostadsområde i en av de drabbade städerna hade en grupp på fem personer samlats utanför en lägenhet. Rykten hade spridits om att någon i huset hade vattenreserver. De knackade först på dörren, men när ingen öppnade började de skrika och slå på den. När det inte gav resultat slog någon in en ruta. På bara några sekunder hade situationen eskalerat. För bara några dagar sedan skulle de här människorna aldrig ha gjort något sådant. Men nu var allt annorlunda. Och det var det som var det verkligt skrämmande.

Vid ett av landets största sjukhus hade krisen nått en ny nivå. Personalen hade kämpat i tre dygn för att hålla i gång verksamheten, men nu var det nästan helt slut på mediciner och vatten. Patienterna låg i korridorerna, många av dem i kritiskt tillstånd. Utanför byggnaden stod en folkmassa och väntade på hjälp, men när en av de ansvariga läkarna kom ut för att tala till dem blev det knäpptyst.

"Vi har slut på resurser," sa han. "Vi kan inte ta emot fler patienter. Om ni inte är livshotande sjuka måste ni gå hem."

Det gick en chockvåg genom folkmassan. Någon skrek, någon brast i gråt, men det var inget att göra. Sjukhuset kunde inte längre hjälpa fler. När kvällen föll var det första gången hela landet befann sig i samma situation. Ingen hade längre någon trygg plats att fly till. Det fanns inga reservlager, inga fungerande transportvägar, inga tydliga ledare som tog ansvar. För många hade krisen varit en gradvis försämring, en långsam process där man gått från att hoppas på en lösning till att förstå att ingen lösning fanns. Men nu, den fjärde kvällen, var det många som insåg att det här inte längre var en kris.

Det var en kollaps

När mörkret sänkte sig låg städerna tysta. Inte för att människor sov – ingen sov längre lugnt. Det var tyst för att ingen visste vad som skulle hända imorgon. Och det var den tystnaden som var det allra mest skrämmande.

Skammens dag

Dag 5

"Vi trodde vi var civiliserade – men vi hade fel."

Den femte dagen grydde långsamt över staden, men det fanns inget hopp i gryningen, solen må ha gått upp, men den belyste endast förödelsen, desperationen och den gnagande hopplösheten som nu låg som en tung filt över invånarna. Fyra dygn hade passerat sedan samhället föll samman, fyra dagar av törst, hunger och brist på information. Nu fanns det bara en sak som betydde något – vatten.

Under natten hade nyheten spridit sig, kommunen hade äntligen lyckats organisera en utdelning av nödvatten på trettio platser runt om i staden. Det var den första konkreta åtgärden som tillkännagivits sedan krisen började, och för många var det den sista gnistan av hopp.

Men det fanns strikta regler

På stora anslagstavlor och provisoriska affischer som satts upp vid samlingspunkterna fanns tydliga instruktioner:

      Tilldelningen är 4 liter per person och dag

      Egen dunk mäste medtas

      Endast i extrema nödfall delas reservdunkar ut

      ID-uppvisning krävs

Men vad som såg ut som en strukturerad och genomtänkt plan skulle snabbt visa sig vara ett misslyckande av historiska proportioner, denna dag skulle inte bli en dag av lättnad. Denna dag skulle för alltid bli känd som skammens dag.

Tidigt på morgonen – Köerna börjar formas

Långt innan solen gått upp började människor ta sig mot de platser där nödvattnet skulle delas ut. Få visste exakt vilken tid utdelningen skulle börja, men ingen ville riskera att komma för sent. Redan vid fyra på morgonen var de första köerna hundratals meter långa, fyllda av människor insvepta i filtar, huttrande i den råa morgonkylan, det fanns en tryckt stämning, folk talade lågt, vissa inte alls. En del höll krampaktigt i sina medtagna dunkar, andra hade ingen alls och såg sig nervöst omkring, medvetna om att det kunde innebära att de inte skulle få något vatten alls. Vid vissa utdelningsplatser hade folk börjat markera sina platser i kön med tomma hinkar och dunkar, för att sedan gå därifrån och vila någon annanstans.

Det var en dålig idé

När fler människor anlände såg de rader av övergivna dunkar, men ingen person bredvid dem. "Är det någon här?" "Nej, men deras grejer är här." "Så då kan jag ta deras plats?" "Det lär bli bråk om du gör det."

De första konflikterna uppstod redan här, en kvinna som stått i flera timmar sparkade undan en tom dunk som någon använt för att markera sin plats, och inom några minuter hade en hetsig ordväxling brutit ut.

Och utdelningen hade inte ens börjat än.

Förmiddagen
När dörrarna öppnas och hoppet dör

När kommunens personal och frivilliga anlände till vattenstationerna mötte de en syn de inte var förberedda på. Köerna var längre än någon hade kunnat föreställa sig. Hundratals, tusentals människor stod hopträngda, vissa med sina dunkar, andra utan, alla med samma tomma, törstiga blickar. Men det första stora problemet uppstod innan vattnet ens anlänt. Lastbilarna som skulle transportera vattentankarna var försenade, redan efter någon timme började nervositeten växa i kön. Människor stod och växlade vikt från fot till fot, svettades av både törst och oro. Några hade redan svimmat av uttorkning, men ingen kunde hjälpa dem. Någonstans långt bak i kön började folk ropa och skrika, men personalen kunde bara stå och vänta – de hade inget vatten att dela ut än. När tankbilarna äntligen anlände, rullade de långsamt fram genom de smala gatorna. På en av dem satt en megafon monterad på taket, där en inspelad röst gång på gång ropade ut instruktionerna: "Tilldelningen är fyra liter per person och dag! Ni måste ha egen dunk! Endast i nödfall delas reservdunkar ut! Legitimation krävs!" Men kaoset började innan den första droppen ens hade hällts upp.

Kaoset bryter ut

Det började med en man som försökte tränga sig före, han hade stått i kön sedan fem på morgonen, men han hade sett andra komma senare och ändå försöka ta sig längre fram. Han kunde inte acceptera det. "Vad fan håller ni på med? Jag har väntat i fem timmar!" skrek han. Folk började pressa sig framåt, trycket ökade. Någon tappade sin dunk och skrek åt en annan att hålla avstånd. Det första slaget delades ut vid en av de främsta utdelningspunkterna, en kvinna i 60-årsåldern försökte skydda sin plats när en yngre man försökte pressa sig förbi. När hon inte släppte fram honom knuffade han henne hårt, och hon föll till marken.

Där och då bröt kaoset ut

Folk började skrika, personalen skrek tillbaka, men ingen hörde längre något. Vid en av stationerna gjorde folk rusningar mot vattentankarna, personal som skulle övervaka utdelningen flydde från platsen. Någon slog till en polis som försökte lugna ner situationen. En annan kastade en tom flaska i panik.

Samtidigt, längst bak i kön, började människor förstå att de kanske inte skulle få något vatten alls. Och det var här det brast fullständigt.

När vattnet tar slut och helvetet bryter ut

Två timmar efter att utdelningen började var det första lagret vatten slut. Den officiella informationen från kommunen var att mer vatten var på väg, men ingen trodde på det längre.

Folk skrek

Folk grät

Folk slogs

De som redan fått sitt vatten försökte lämna platsen, men det var farligt att ta sig därifrån. Vid en av stationerna släpades en äldre man till marken och blev av med sin dunk. Vid en annan hoppade flera personer över avspärrningarna och började välta de tomma tankarna i ren desperation. Kommunens personal hade redan flytt fältet. Polisen, som skulle hålla ordning, stod hjälplösa. Och medan tumultet pågick låg de tömda vattentankarna kvar – en symbol för ett system som hade misslyckats.

Skammens dag

När kvällen kom satt de som varit där i chock, det var inte bara vattenbristen som var det skrämmande. Det var hur snabbt vi hade vänt oss mot varandra. Hur vi, som en gång var grannar och arbetskamrater, hade förvandlats till fiender över fyra liter vatten. Och det var då insikten föll över alla: Detta var ingen tillfällig kris. Detta var början på något mycket, mycket värre.

Dag 5
Lisa – "Jag visste inte att vi kunde bli sådana här"

Lisa vaknade av att kylan bet sig in i hennes kropp, men hon var för utmattad för att röra sig. Törsten var där som en dov, molande smärta i halsen, en påminnelse om att hennes kropp höll på att ge upp, men det som slog henne mest var känslan av tomhet. Hon stirrade upp i taket, oförmögen att förstå att detta fortfarande pågick, att det ännu inte var över. Varför hade ingen löst det här? Det var en absurd tanke, men en del av henne hade fortfarande hoppats att hon skulle vakna upp och höra nyheterna om att samhället var på väg tillbaka till det normala.

Men inget var normalt längre

Hon kände sig matt i hela kroppen, men hon hade inte tid att ligga kvar, i dag var dagen, hon behövde ta sig till vattenutdelningen. Kommunen hade gått ut med information om att det skulle finnas trettio platser i staden där nödvatten skulle delas ut, och en av dem låg bara några kvarter bort. Fyra liter per person. Hon visste inte hur länge det skulle räcka, men det var allt hon hade att hoppas på nu. Hon var tvungen att få vatten, annars skulle hon inte klara en dag till.

Hon tvingade sig upp ur sängen, benen kändes tunga som bly när hon famlade efter sin jacka. Hon tog sin enda dunk och greppade den hårt, som om den redan var fylld, som om hon redan hade vunnit kampen om vattnet. Hon var tidig. Det var hon säker på, hon skulle komma dit i god tid och få det hon behövde. Men hon var inte tidig nog.

06:00 – Köerna har redan börjat

När hon kom ut på gatan insåg hon att hon var långt ifrån först. Redan nu, i den bitande morgonkylan, sträckte sig kön flera kvarter framåt. Människor stod i tysta rader, tätt intill varandra, några lutade sig mot husväggarna medan andra satt hopkurade på trottoarkanterna, som om de inte längre hade kraft att stå upp.

Lisa frös, men det var inte bara av kylan. Det var något med stämningen, något med de blickar som mötte henne när hon rörde sig mot slutet av kön. Det fanns ingen ilska, ingen frustration – bara utmattning. Människor såg ut att vara på gränsen till att ge upp, men ändå stod de där, oförmögna att släppa taget om hoppet om att få sin ranson vatten.

Hon ställde sig sist i kön och försökte ignorera känslan av att hon var en av de svaga nu, de andra hade varit här länge, de visste vad som krävdes, medan hon fortfarande klamrade sig fast vid tron att det fortfarande fanns en viss ordning kvar.

09:00 – Spänningarna växer

Timmarna gick och Lisa kände hur fötterna värkte, hur kylan kröp in genom hennes kläder, men det var inget jämfört med den tyngd som låg i luften omkring henne. Människor pratade knappt längre, deras blickar var låsta på den punkt där utdelningen snart skulle ske. Hon såg hur någon längre fram rörde sig försiktigt framåt, bara några centimeter, men det räckte för att skapa irritation.

"Vad håller du på med?" muttrade någon.

"Jag har stått här i timmar. Gå tillbaka."

De första riktiga konfrontationerna började här. Små diskussioner, ilskna röster som viskade mellan tänderna, ingen vågade ta det längre än så, men det var tydligt att gränsen var nära. Lisa höll hårt om sin dunk och kände hur hennes hjärta slog snabbare, hon ville inte vara här längre, men hon hade inget val.

11:00 – Vattnet anländer – och hoppet dör

När lastbilarna med vattentankarna äntligen rullade in längs gatan hördes en kollektiv suck av lättnad genom kön, men den varade bara ett ögonblick. Snart ropade en röst ut genom en megafon: "Fyra liter per person, inga undantag, egen dunk krävs. Endast i nödfall delas reservdunkar ut. Legitimation måste uppvisas." Det var då hon såg det. Människor runt omkring henne började röra sig rastlöst, oroliga blickar byttes, och paniken växte i deras ögon, alla hade inte dunkar. En man längre fram började gorma, högt och desperat: "Jag har ingen dunk! Vad fan ska jag göra? Snälla, jag behöver vatten!" Ingen svarade honom. Ingen ville höra honom. Lisa tryckte sin egen dunk närmare kroppen och kände en skam hon inte var beredd på, hon ville inte se på honom, hon ville inte känna sig tvingad att hjälpa. Hon såg hur någon längre fram började tränga sig. Det var som en osynlig gräns hade passerats.

12:30 – Människor förvandlas

Bråken började som en viskning i mängden. Någon knuffades till, någon skrek att det var "min tur!", en annan slet tag i en dunk som inte var hans. Lisa stod stilla, såg det ske framför sig, såg hur en gammal kvinna ramlade omkull när någon trängde sig förbi, men ingen hjälpte henne upp. Hon låg kvar, och kön rörde sig över henne som en flodvåg.

Hon ville säga något, men hon sa ingenting.

När det var hennes tur att få vatten gick hon fram, höll dunken under kranen, såg de fyra litrarna rinna ner. Hon borde ha känt lättnad. Men hon kände ingenting.

18:00 – Tårarna i soffan

Lisa satt i soffan med dunken framför sig. Hon hade vatten nu. Hon borde vara tacksam. Men hon kunde inte skaka av sig bilderna av vad hon sett, människor som förvandlades. Grannar som knuffade undan varandra. Ett samhälle som föll samman framför hennes ögon. Hon stirrade på dunken och kände hur tårarna började rinna. Inte för sig själv. Inte ens för törsten.

Hon grät för de som fortfarande stod i kön, för de som aldrig fick något vatten, för de som förlorade sin mänsklighet på vägen. Hon blundade och lät tårarna rinna, det fanns inget kvar att säga. Hon visste nu hur snabbt vi faller och hon skulle aldrig kunna se på människor på samma sätt igen.

Dag 5
Johan – "Vad är vi för människor?"

Johan vaknade av att han kände en liten hand som skakade honom försiktigt på axeln. Han blinkade trött och mötte sin sons stora, oroliga ögon.

"Pappa… vad ska vi dricka idag?"

Den enkla frågan slog honom som en knytnäve i bröstet. Han satte sig långsamt upp, gnuggade sig i ansiktet och försökte samla sig. Det var fortfarande mörkt i rummet, men kylan kändes mer påtaglig nu än dagen innan. Bakom sin son såg han sin dotter stå tyst i dörröppningen, svept i en filt. De sa inget mer, men han kunde se det i deras ansikten – oron, hungern, den gnagande insikten om att något var allvarligt fel. Han drog ett djupt andetag och försökte le, även om det kändes falskt. "Jag har fortfarande vatten kvar," sa han lugnt och nickade mot de halvfulla dunkarna i hörnet av rummet. "Vi tar ett glas var nu på morgonen. Sen får vi se." Hans dotter såg på dunkarna och nickade långsamt, men hon sa ingenting. De visste båda att vattnet höll på att ta slut.

"Och frukost då?" frågade hans son försiktigt.

Johan reste sig upp, sträckte sig efter en av de konserver han hade kvar och höll upp den. "Vi delar på det här. Det blir ingen lyxig frukost, men vi får i oss något." Barnen sa inget, men han såg besvikelsen i deras ansikten. Han kände en djup sorg över att det var detta han nu kunde erbjuda dem. Men han hade inte tid att sörja nu. Han var tvungen att tänka framåt.

Efter frukosten, medan barnen satt hopkurade under sina filtar, knackade det på dörren. Johan tvekade ett ögonblick innan han reste sig och öppnade, på andra sidan stod en av hans grannar, en äldre man som brukade vara vänlig och pratglad, men nu såg han utsliten och blek ut. "Har du hört?" sa mannen lågt och kastade en blick över axeln, som om någon skulle höra dem. "Hört vad?"

"Kommunen delar ut nödvatten vid torget idag."

Johan rätade på sig. "Är du säker?" Mannen nickade och höll upp ett pappersark där det stod tryckt med stora bokstäver: "Vattenutdelning – 30 stationer i staden, max 4 liter per person, egen dunk krävs. Reservdunkar delas endast ut i nödfall." Johan stirrade på orden, och en blandning av lättnad och oro spred sig genom honom. Fyra liter per person. Det var mer än han hade kvar, men var det verkligen tillräckligt?

"När börjar de?"

"Folk har redan börjat köa," sa mannen och suckade tungt. "Jag går dit nu, det kommer bli kaos." Johan nickade sakta. Han visste att grannen hade rätt, det fanns för många törstiga människor och för lite vatten. Han stängde dörren och vände sig om, hans barn tittade på honom med frågande blickar. "Vad sa han?" frågade dottern. Johan tvekade, men han visste att han inte kunde dölja det. "Vi ska gå och hämta vatten," sa han. "Men det kommer ta tid."

10:00 – Ankomst till kön

När de närmade sig torget kände Johan hur hela kroppen spändes, redan på långt håll såg han den enorma människomassan som ringlade sig längs gatorna. Kön var flera hundra meter lång, och folk stod tätt intill varandra, alla med samma hopplösa blick. Han såg snabbt att inte alla hade dunkar. Vissa hade med sig plastpåsar, andra hade ingenting alls. Det skulle bli ett problem.

Barnen stannade upp

"Pappa, måste vi stå där?" frågade hans son lågt. Johan nickade och svalde. "Ja. Vi har inget val." De gick mot slutet av kön och ställde sig längst bak, det var tystare än Johan hade väntat sig. Ingen småpratade, ingen skämtade. Det var bara en tryckt, svettig stämning av ren desperation. Barnen sa ingenting, men Johan kände hur hans dotter drog sig närmare hans sida, de kände det också.

13:00 – Spänningarna byggs upp

De hade stått i kön i timmar och ingenting hade hänt. Barnen började skifta vikt från fot till fot, deras kroppar trötta av att stå stilla, men de klagade inte. De visste att det inte spelade någon roll, framför dem började folk bli otåliga, små rörelser, folk som trängde sig närmare, någon som försökte gå förbi utan att bli upptäckt. Och sen kom det första skriket. "Vad fan gör du?! Du kan inte tränga dig före!" En man längst fram i kön försökte ta sig förbi, men en annan person grep tag i honom och slet honom tillbaka.

"Jag har barn!" skrek mannen

"Tror du inte jag har det?!" skrek någon tillbaka. Johan kramade om barnens axlar och höll dem tätt intill sig. Han ville inte att de skulle se detta, men hur kunde han skydda dem?

16:00 – Människor förvandlas

När de äntligen kom fram till utdelningspunkten var kaoset i full gång. Någon slet en dunk ur händerna på en kvinna, en äldre man trampades nästan ner, och Johan såg barn gråta medan vuxna skrek på varandra. Hans dotter drog i hans jacka.

"Pappa... varför är folk så arga?"

Johan kände en klump i halsen. "De är rädda," sa han lågt. "Och när folk är rädda... glömmer de vad som är rätt och fel." Barnen såg allt. Och de skulle aldrig glömma det.

19:00 – Det svåraste samtalet i Johans liv

När de kom hem var barnen tysta. Johan satte sig ner på golvet, höll dem intill sig, såg dem i ögonen. "Jag vet att det ni såg idag var svårt." Hans son nickade, men han såg bort. "Människor gör dumma saker när de är rädda," fortsatte Johan. "Men det betyder inte att vi måste vara sådana." "Är vi fortfarande bra människor?" frågade dottern tyst. Johan svalde hårt. "Ja," sa han. "Så länge vi väljer att vara det." Och där, i det kalla mörkret, höll han sina barn nära och önskade att han kunde skydda dem från den värld de just sett.

Dag 5
Kerstin – "Så här skulle vi aldrig bete oss"

Kerstin vaknade tidigt den femte dagen och kände omedelbart den råa kylan i rummet. Hon drog filten tätare om sig och låg kvar en stund i sängen, lyssnade på det dova lugnet som lagt sig över staden. Allt var stilla, men inte på det sätt det brukade vara en tidig morgon. Det var en stillhet som kändes fel, som om livet hade dragit sig undan, som om hela staden höll andan.

Hon satte sig upp och masserade sina stela axlar. Hon var trött, men inte utmattad som många andra måste vara vid det här laget. Hon hade förberett sig. Hon hade vatten kvar, inte mycket, men tillräckligt för att kunna klara sig ytterligare några dagar. Hon hade mat, enkel men näringsrik, och hon hade en plan. Men hon visste också att det var dags att ta sig ut.

Hon hade hört från radion sent kvällen innan att kommunen skulle börja dela ut nödvatten på trettio olika platser i staden. Även om hon inte var akut behov av vatten ännu, ville hon se med egna ögon hur situationen hanterades. Hon ville veta vad som väntade om hon, eller någon annan i hennes närhet, verkligen behövde den hjalpen i framtiden.

Hon reste sig upp, svepte en filt över axlarna och gick ut i köket där hennes dunkar stod uppradade mot väggen. Hon lyfte en av dem och skakade den lätt. Fortfarande vatten kvar, men det räckte inte hur länge som helst.

Hon skulle ta sig till en av utdelningsplatserna, men inte för att få vatten – utan för att få en insikt i hur människor betedde sig när de var desperata. Och hon skulle aldrig kunna vara förberedd på det hon skulle få se.

07:30 – Vägen mot vattenstationen

När Kerstin steg ut på gatan slog kylan mot henne med full kraft, det var rått och fuktigt, en kyla som gick genom kläderna och in i märgen. Hon drog upp dragkedjan på jackan och började gå, noga med att hålla ögonen öppna. Gatorna var tystare än vanligt, men här och där såg hon människor som rörde sig i samma riktning som hon själv – mot vattenstationen. En kvinna med en barnvagn gick en bit framför henne, barnet i vagnen var tyst, insvept i en filt. Bredvid henne gick en äldre man med en rullväska som skramlade när hjulen studsade över asfalten, alla bar på något att fylla med vatten. När hon närmade sig torget, där en av utdelningarna skulle äga rum, började hon se den verkliga omfattningen av situationen.

Kön var enorm

Hundratals människor stod redan uppradade längs trottoaren, tryckta mot varandra, vissa med armarna korsade över bröstet för att hålla värmen, andra lutande sig mot väggar eller sittande på huk med utmattade ansikten. Många såg ut att ha varit där i timmar. Det var ingen vanlig kö, det var en samlad massa av människor som klamrade sig fast vid hoppet om att få det mest grundläggande för sin överlevnad. Kerstin gick långsamt närmare och försökte ta in detaljerna. Stämningen var tryckt. Någon muttrade lågt, någon hostade. Människor såg på varandra med misstänksamhet, som om alla runt omkring var ett potentiellt hot. Och det hade de kanske rätt i.

10:00 – En skör balans

Kön rörde sig långsamt, men den rörde sig. Kerstin stod en bit ifrån, nära ett plank där en utsliten affisch från kommunen fladdrade i vinden. Hon såg hur människor skiftade vikt från fot till fot, hur de sneglade på varandra och på sina egna tomma kärl. Kommunens personal hade börjat dela ut vatten från stora tankar som ställts upp på torget. Hon kunde höra deras röster genom en megafon: "Fyra liter per person! Egen dunk krävs! Reservdunkar delas endast ut i nödfall!" De lät självsäkra. Organiserade. Men Kerstin såg något i deras ansikten – de var nervösa. Och det hade de skäl att vara. När de första personerna fick sitt vatten började oron sprida sig längre bak i kön. Folk insåg att mängden vatten var begränsad, att de som stod längst bak kanske inte skulle få något alls.

12:30 – När balansen brister

Det gick fortare än hon trodde, Kerstin såg mannen som försökte tränga sig, han var lång, bredaxlad och stirrade rakt fram som om han inte såg människorna omkring sig. Han tog ett steg åt sidan, sedan ett till, pressade sig mellan två andra personer som genast reagerade. "Vad fan håller du på med?" hördes en röst, skarp och ilsket trött. Mannen låtsades inte höra. Då kom den första knuffen. Och sedan den andra. På bara några sekunder var det inte längre en kö – det var ett tumult.

13:00 – Vatten, våld och panik

Kerstin stod kvar, chockad av hur fort människor förvandlades. Längst fram hade en kvinna fått sin dunk sliten ur händerna, vattnet skvätte ut över marken. Hon skrek rakt ut, men ingen lyssnade.

Kaoset var totalt

Någon tryckte undan en äldre man som stod i vägen, någon annan försökte ta sig upp på en av tankarna, bara för att snabbt bli neddragen av andra som ville göra samma sak. Kommunens personal hade tappat kontrollen. Deras rop i megafonen var meningslösa nu. Kerstin såg två poliser längre bort, som försökte ta sig fram, men de var en droppe i kaoset. Det som började som en kö hade blivit en kamp och det var inte längre en kamp om vatten – det var en kamp om överlevnad.

16:00 – Tomheten efteråt

När tumultet lagt sig, när polisen till slut fått bort de värsta bråkstakarna och vattenutdelningen stängdes för dagen, stod Kerstin kvar och såg ut över torget. Det var tyst nu, men det var ingen lättnad i tystnaden. Människor som inte fått sitt vatten stod kvar och stirrade tomt framför sig, vissa fortfarande gråtande. Hon såg en liten flicka som tryckte sig mot sin mamma, såg en äldre man som satt på en trottoarkant och höll sina händer för ansiktet. Det här var inte vad hon hade förväntat sig. Hon hade trott att vi var bättre än så här. Men vi var inte bättre än så här. Och det var det som skrämde henne mest.

Dag 5
När samhällets svagheter blottas

Det hade nu gått fem dygn sedan elen försvann, vattnet slutade rinna och den moderna infrastrukturen slutade fungera på ett sätt som ingen riktigt hade kunnat föreställa sig innan det faktiskt hände, och även om många hoppades att detta bara skulle vara ett tillfälligt problem, hade det nu blivit smärtsamt tydligt att detta inte var en kort kris, utan en långvarig samhällsstörning där varje enskild människa var tvungen att klara sig själv i en utsträckning som aldrig tidigare prövats i modern tid, och det var just detta som nu började blottlägga samhällets svagheter, dess brist på redundans och den stora klyftan mellan dem som hade förberett sig och de som hade levt i trygg förvissning om att staten alltid skulle finnas där för att ta hand om dem när det verkligen gällde.

Kommunerna, som redan på dag ett hade satt sina krisledningsstaber i arbete, började nu inse att de resurser de förfogade över var på väg att ta slut långt innan en fungerande lösning kunde implementeras, och även om de hade fått igång vissa vattenstationer och börjat distribuera vatten igen, räckte mängderna inte på långa vägar till för att täcka befolkningens behov, och när folk väl kom fram till stationerna möttes de ofta av långa köer, upprörda röster och en känsla av att resurserna skulle vara slut innan de ens hunnit fram, vilket skapade en växande oro och ilska som bara förstärktes av att myndigheternas besked var att det kunde ta ytterligare två till tre veckor innan samhället var tillbaka i fungerande skick.

För polisen var situationen nu på väg att bli ohållbar, då de redan från dag två hade fått hantera oroligheter vid butiker, bensinmackar och vattenutdelningsstationer, men nu började deras resurser sina i takt med att de blev allt mer överbelastade, och deras patruller fick rycka ut till allt fler fall av plundring, konflikter och våldsamma upplopp där människor börjat slåss om resurser, och även om de försökte upprätthålla någon form av ordning, var de alltför få och alltför utspridda för att kunna ingripa överallt, vilket gjorde att vissa stadsdelar nu i praktiken stod utan lag och ordning, där folk började ta saken i egna händer och försvarade sina hem och förråd med vad de hade, eftersom de visste att det inte fanns någon som skulle komma till deras undsättning om de blev attackerade eller bestulna.

Inom sjukvården hade situationen snabbt förvärrats, då allt fler människor sökte sig till akutmottagningar och vårdcentraler med symptom på uttorkning, infektioner och skador från slagsmål och olyckor, och även om sjukhusen hade reservkraft och viss vattenförsörjning, började deras lager av mediciner, förband och hygienartiklar ta slut, samtidigt som personalen var överbelastad och utmattad efter att ha jobbat under extrema förhållanden i flera dygn utan vila, och eftersom det inte fanns någon fungerande transportlogistik för att fylla på lagren, visste många läkare och sjuksköterskor att de snart skulle stå utan de mest grundläggande förnödenheter, och att de då skulle behöva prioritera de patienter som hade störst chans att överleva, vilket innebar att många som annars skulle ha fått vård nu riskerade att lämnas åt sitt öde.

I butikerna var hyllorna nu fullständigt rensade på allt som kunde ätas, drickas eller användas i en kris, och även om vissa affärer fortfarande höll öppet, fanns det ingenting kvar att sälja, vilket gjorde att de som ännu inte hade plundrats nu enbart fungerade som tomma skal där butiksägare och personal stod hjälplöst och såg på medan kunder vände i dörren, antingen uppgivna eller förbannade över att det inte fanns något kvar, och på vissa platser hade situationen eskalerat så pass att beväpnade grupper börjat patrullera butiker för att skydda de få rester som ännu fanns kvar, eller för att helt enkelt ta kontroll över dem och sälja varor på sina egna villkor till ockerpriser.

Bensinmackarna hade varit ett av de första ställena som drabbats av kaos när krisen slog till, och nu, fem dagar in, var i princip alla bränslereserver tömda, vilket innebar att de få som hade fungerande fordon nu var fast där de var, och eftersom transportnätet inte längre fungerade och inga nya leveranser kom in, var det inte längre en fråga om när bensinen skulle fyllas på, utan om hur samhället skulle klara sig utan någon form av fungerande transport överhuvudtaget, och detta var något som även påverkade polis, ambulans och räddningstjänst, som nu allt oftare tvingades meddela att de helt enkelt inte kunde rycka ut eftersom de inte hade något bränsle kvar.

Kommunens och statens kommunikation med befolkningen blev allt mer desperat, och även om de fortsatte att uppmana folk att vara lugna, samarbeta och hushålla med sina resurser, började alltfler förstå att detta var tomma ord om man inte redan hade vad som behövdes, för även om myndigheterna i åratal hade uppmanat människor att ha en beredskap för sju dygn, visade det sig nu att detta inte ens var i närheten av att vara tillräckligt, och de som inte hade förberett sig för en längre kris än så insåg nu att de stod helt utan skyddsnät, utan någon som kunde rädda dem när allt föll samman.

Samtidigt började gränsen mellan de som hade och de som inte hade bli allt tydligare, då de som hade lagrat mat, vatten och bränsle höll sig undan, medan de som hade förbrukat sina resurser redan de första dagarna nu tvingades söka efter nya sätt att överleva, och detta skapade en farlig dynamik där vissa började samarbeta i lokala grupper och bygga upp egna nätverk, medan andra tog till våld för att ta det de behövde, vilket i sin tur skapade en känsla av osäkerhet och rädsla som spred sig genom hela samhället.

När kvällen föll över staden på den femte dagen av krisen var det tydligt att samhället inte längre fungerade för alla, och även om myndigheterna fortfarande försökte hålla fast vid idén att detta var en kontrollerbar situation, visste de flesta nu att de var lämnade åt sitt öde, och att det enda som skulle avgöra deras öde var hur förberedda de hade varit när detta började, och hur de skulle agera nu när det var för sent att ändra på det.

När verkligheten sjunker in
och vardagen måste byggas om

Dag 6

Morgonen grydde långsamt över det stilla och förändrade landskapet. Det var ingen vanlig gryning längre, ingen som markerade starten på ännu en dag av rutiner och förutsägbarhet. I stället var den ett tyst vittnesmål om hur samhället sakta förändrades, om hur människor börjat förstå att detta inte längre var en tillfällig kris som skulle passera på några dagar, utan något de nu var tvungna att anpassa sig till.

Det var dag sex. Och det fanns ingen väg tillbaka till hur det var innan. De flesta hade nu hört myndigheternas besked – det skulle ta minst två till tre veckor till innan vatten och el kunde återställas – och insikten om detta vägde tungt på alla. De första dagarna hade präglats av chock, stress och en naiv tro på att samhället snart skulle fungera igen, men nu, efter nästan en vecka, hade tröttheten börjat tränga sig in på allvar.

För de allra flesta var det inte längre hunger eller törst som var den största utmaningen – även om det var allvarligt nog – utan det som nu höll på att bryta ner människor var ovissheten och utmattningen.

Hur länge skulle de orka leva så här?

Hur länge skulle resurserna räcka?

Hur länge innan folk började bryta ihop?

Men trots att allt kändes hopplöst för många, fanns det ingen annan utväg än att fortsätta framåt.

Den mentala vändpunkten

Att börja tänka långsiktigt

Dag 6 var dagen då många började tänka om. De som fortfarande hoppades på snabba lösningar insåg att det enda som skulle få dem att klara sig var att bygga upp en ny vardag. De som förlitat sig på att någon annan skulle lösa problemen, förstod nu att de själva behövde ta mer ansvar, det som tidigare varit en överlevnadsinstinkt dag för dag, började nu formas till en strategi för att orka veckor framåt. Vattenhantering blev en rutin, folk började aktivt leta efter källor, samla regnvatten och försöka rena det. Mat blev en daglig planering, de som hade förråd ransonerade hårdare, medan andra letade efter ställen där matutdelning organiserades av frivilliga organisationer och i kyrkans regi. Energihantering blev en prioritet, gasol, spritkök och ved började användas mer sparsamt, och de som hade fungerande solceller eller generatorer blev ännu mer medvetna om varje watt de använde. Sanitetsproblem blev en akut fråga, avföring, sopor och smutsiga kläder började ställa till stora problem, och folk sökte nya lösningar. Men det kanske viktigaste av allt var att samarbete började bli avgörande.

Den nya insikten – Ensam är inte stark

Under de första dagarna av krisen hade många agerat på egen hand, människor hade stängt in sig i sina hem, försökt skydda sina resurser och hoppats på att detta snart skulle vara över. Myndigheter hade jobbat isolerat, försökt hantera krisen på ett systematiskt sätt men utan verklig kontakt med befolkningen. Men nu började en annan verklighet ta form. Nu, efter sex dygn, insåg fler och fler att ensamhet var en svaghet. Folk började samlas i lokala grupper, grannar började prata med varandra, och de som hade resurser insåg att de kunde utbyta tjänster och förnödenheter med andra. Det fanns inte längre någon prestige i att klara sig själv. Att klara sig tillsammans blev det enda sättet att överleva.

I bostadsområden började folk bygga upp egna system – några satte upp gemensamma vattenförråd, andra delade på kök och bränsle, och vissa startade informell byteshandel där mat, bränsle och hygienartiklar kunde bytas mot annat av värde. Även inom myndigheterna började tankarna förändras. Kommunerna, som tidigare desperat försökt hantera situationen centralt, började förstå att de behövde mer samverkan med lokala initiativ. Det som tidigare varit splittrat började sakta bli mer organiserat, men fortfarande var det för lite och för sent för många.

Det osynliga hotet
När tröttheten blir farligare än bristen på resurser

Men även om de praktiska lösningarna började ta form, fanns ett osynligt hot som började sprida sig – den mentala och fysiska utmattningen. För även om folk började hitta strategier, var det få som verkligen fick återhämta sig. Sömnbristen började tära på dem som försökt hålla sig vakna för att skydda sina hem. Näringsbristen började påverka dem som inte ätit ordentligt på flera dagar, sjukdomar började sprida sig, särskilt i områden där saniteten var obefintlig. Många började känna en ovanlig trötthet som inte bara var fysisk, utan också psykisk. Det var en trötthet som kom av att aldrig få vila från oron. När man varje dag måste tänka på vatten, mat, säkerhet, värme och hygien, fanns det ingen tid att slappna av. Och i takt med att detta spred sig, började också hopplösheten sakta smyga sig in hos vissa.

Hjälpen utifrån
Är den för sen?

Samtidigt som befolkningen började hitta egna sätt att hantera situationen, började myndigheterna äntligen få bättre kontroll över sina krisåtgärder. Hjälp från utlandet började förberedas. Humanitära organisationer hade börjat skicka vattenreningsutrustning, livsmedelspaket och medicinska resurser till Sverige, men det skulle ta tid innan de nådde ut till alla behövande. Militären började distribuera mer organiserade ransoner, men precis som med vattenutdelningen fanns det inte tillräckligt för alla. Många började fråga sig om detta skulle komma för sent. De som redan hunnit bli sjuka, undernärda eller tappat hoppet – skulle de ens orka vänta?

Dag 6:s insikt – En ny tid börjar

När den sjätte dagen gick mot sitt slut och mörkret återigen lade sig över landet, var det med en förändrad känsla i luften. Krisen var inte längre bara en tillfällig katastrof – den hade blivit en vardag, de flesta förstod nu att den som inte anpassade sig skulle falla ifrån. De som fortfarande väntade på att allt skulle lösa sig, insåg att ingen lösning var på väg inom de närmaste dagarna. Det var dags att ta ansvar på ett helt nytt sätt. Att bygga upp en vardag i krisen, i stället för att hoppas att den skulle ta slut imorgon. Och frågan som många ställde sig var: Är vi redo att förändras? För det fanns ingen annan väg framåt.

Dag 6
Lisa och insikten att ensam inte är stark

Lisa vaknade i sin säng med en dov smärta i magen. Hungern. Hon visste att det skulle bli så här. Hon hade känt hur matförrådet minskat för varje dag som gått, hur hon förtvivlat försökt ransonera de sista smulorna av kex och godis, men igår hade det tagit slut. Allt. Hon låg kvar en stund och stirrade upp i taket. Hur hade det blivit så här?

Hon hade alltid klarat sig själv. Aldrig behövt be om hjälp. Aldrig känt sig beroende av någon. Och ändå låg hon här nu, fullständigt utan resurser, fullständigt utlämnad till att andra skulle finnas där och hjälpa henne att överleva.

Hon drog en hand genom sitt smutsiga hår. Hon luktade illa, det visste hon, och hon kände sig mer sliten än hon någonsin gjort. Kroppen var trött, hungrig, kall – men mest av allt var det själva insikten som tröttade ut henne.

Hon hade varit naiv

Hon hade alltid tänkt att hon klarade sig själv, att hon inte behövde någon annan. Men nu, när allt hon hade var borta, insåg hon sanningen: Ingen överlever en kris ensam.

Jakten på överlevnad – En ny verklighet

Lisa visste att hon inte kunde stanna kvar i lägenheten längre. Det fanns ingenting kvar där, ingen mat, inget vatten. Ingenting. Hon drog på sig sin jacka och steg ut i den kalla trappuppgången. Luften luktade unket, och någon hade lämnat sopor i ett hörn. Hon visste att kommunen och frivilligorganisationer hade satt upp nödstationer i olika delar av staden – platser där man kunde få vatten, kanske lite mat, kanske till och med något varmt att dricka. Hon hade ingen aning om hur länge hon skulle få vänta eller om det ens skulle finnas något kvar när hon kom fram, men hon hade inget val längre.

Det var dags att söka hjälp

Köerna – En prövning i sig

När hon kom fram till vattenutdelningen insåg hon att hon inte var ensam, en lång kö ringlade sig genom torget. Människor stod tysta, hopkurade i sina jackor, med tomma dunkar och hinkar i händerna. Det fanns något i luften, en tyngd, en uppgivenhet. Lisa ställde sig längst bak i kön och kände hur tröttheten sjönk ännu djupare in i kroppen, hon hade stått i kö länge förr – på mataffärer, på bankkontor, på myndigheter – men den här kön var annorlunda. Den handlade inte om bekvämlighet.

Den handlade om överlevnad

Medan hon väntade, började hon tänka på människorna framför henne. Vilka var de? Hur hade de hamnat här? Och framför allt – de som delade ut vattnet, de frivilliga.

Frivilliga – Människor som valt att hjälpa andra

Lisa såg hur de jobbade – människor i reflexvästar, med torra händer och trötta ögon, men som ändå log och försökte hålla humöret uppe. De bar tunga dunkar, skopade upp vatten i flaskor och försökte organisera kaoset, samtidigt som de fick ta emot arga ord från frustrerade människor som inte ville vänta, som var rädda att vattnet skulle ta slut.

Hon undrade: Vem var de?

Var de också hungriga? Var deras hem lika kalla som hennes? Hur kände de efter att ha stått här dag efter dag, delat ut det lilla som fanns till oss som inte förberett oss? För en vecka sedan hade hon aldrig ens tänkt på människor som dessa. Nu insåg hon att de var de enda som stod mellan henne och svält. Hon svalde och såg ner i marken.

De hjälper mig.

Men vad har jag någonsin gjort för någon annan?

En ny tanke väcks

När hon äntligen fick sitt vatten tog hon emot flaskan med händer som nästan skakade av svaghet. Hon nickade mot kvinnan som fyllde flaskan åt henne. "Tack."

Kvinnan log trött. "Håll ut."

Lisa gick långsamt bort från kön och kände hur tårarna brände bakom ögonen.

Håll ut

Men hur länge kunde man hålla ut utan att ge något tillbaka? Hon satte sig på en bänk och tog en klunk av det iskalla vattnet, hon kände hur det rann ner i halsen och fyllde en tomhet i henne som var mer än bara fysisk. Hon frös. Hon var ensam. Hon hade ingenting. Men hon hade fortfarande sin vilja kvar. Och där, i den kalla kvällsluften, började en tanke växa i hennes huvud. Kan jag hjälpa till?

En förändring på väg

Lisa låg på sin tunna madrass och stirrade upp i taket. Kroppen var uttröttad, frusen och hungrig, men tankarna snurrade. Hela sitt liv hade hon tänkt på sig själv först, hon hade aldrig riktigt reflekterat över vad det innebar att hjälpa andra, vad det betydde att vara en del av något större än sig själv. Men nu visste hon sanningen. Om du står ensam, kommer du att falla ensam. Men om du står med andra, kan du resa dig igen. Innan hon somnade visste hon att morgondagen skulle bli annorlunda. Hon skulle hitta ett sätt att ge tillbaka. För första gången i sitt liv förstod hon vad det betydde att verkligen behöva andra. Och för första gången i sitt liv ville hon hjälpa tillbaka.

Dag 6
Johan och insikten om att ensam inte räcker

Johan vaknade tidigt av att Oliver låg och hostade bredvid honom, rummet var kallt, mycket kallare än natten innan, och när han andades ut såg han sin egen andedräkt som en tunn dimma i mörkret. Kylan var ett allt större problem, och han visste att det bara skulle bli värre om de inte hittade en bättre lösning.

Han drog filten närmare om sina barn och försökte samla tankarna, mat, vatten och värme. De tre sakerna som upptog varje vaken stund, de hade klarat sig på små portioner de senaste dagarna, men nu var det inte mycket kvar att ransonera längre. Det som en gång varit ett välfyllt skafferi började nu bli ett tomt skal.

Han behövde göra något idag

Han satte sig upp och såg på Anton och Oliver som sakta vaknade, de var trötta, bleka och uppenbart påverkade av situationen. "Grabbar," sa han mjukt. "Hur mår ni?" Anton drog filten om sig och suckade. "Jag vet inte, trött och kall." Oliver såg på honom med stora, oroliga ögon. "Jag undrar hur mamma har det. Jag är rädd att hon mår dåligt."

Johan kände hur en tyngd lade sig över honom. Han hade själv undvikit att tänka på sin före detta fru under de senaste dagarna, hon var deras mamma, och oavsett vad som hänt mellan dem, så var det klart att barnen var oroliga för henne. "Vet ni vad?" sa han och log svagt. "Vi går och hälsar på henne idag. Och om hon mår dåligt så ser vi till att hon får komma hit och vara med oss."

Barnen sken upp, och Johan kände att det var rätt beslut.

Besöket hos mamman
Ett smärtsamt återseende

De packade ner de sista resterna av vattnet och lite bröd i en väska och begav sig ut, gatorna var stilla, men luften var fylld av en tung lukt av bränt sopor och kyla som bet genom kläderna. Människor rörde sig långsamt genom staden, tysta och samlade, som om de alla bar på en osynlig tyngd.

När de kom fram till mammans lägenhet knackade de på dörren och väntade, det tog lång tid innan de hörde steg inifrån, och när dörren öppnades stod hon där – blek, svag och insvept i en filt. Hon såg sjuk ut.

"Mamma!" utbrast Oliver och slängde sig om henne

Hon lutade sig mot dörrkarmen och såg på Johan med trötta ögon. "Jag har ingen mat kvar," sa hon lågt. "Och jag tror jag har feber." Johan kände en klump i halsen. Hon var ensam, sjuk, utan resurser. Han såg på barnen som nu höll om sin mamma. Det var ingen tvekan om saken.

"Vi tar med dig hem," sa han bestämt.

Hon såg först tveksam ut, men sedan nickade hon svagt, hon orkade inte ens argumentera. De packade snabbt ihop det lilla hon hade kvar – några filtar, några batterier och en gammal vattenflaska. Sedan begav de sig ut igen.

Ett varmt mål mat
För första gången på flera dagar

På vägen tillbaka gick de förbi en nödstation där frivilliga delade ut mat. En lång kö ringlade sig genom torget, och folk stod tysta, insvepta i sina jackor. Johan såg på barnen, på deras magra ansikten och mammans svaga steg. De behövde det här.

Så de ställde sig i kön och väntade, det tog lång tid, men när de äntligen kom fram fick de en skål med varm soppa var. Det var en enkel grönsakssoppa, men det var det bästa Johan hade ätit på dagar.

Han såg hur barnen sörplade i sig den och hur en svag färg började återvända till deras kinder. Mamman skakade nästan när hon drack sin, som om kroppen knappt kunde förstå vad den fick. Det var första gången på sex dagar som de alla fick ett riktigt mål mat. Och Johan visste att det betydde mer än han ville erkänna.

Tillbaka hemma – Att bli en familj igen

När de kom tillbaka till lägenheten var kylan påtaglig. Ingen elektricitet, inga varma element, bara fuktiga väggar och en obarmhärtig kyla som letade sig in i benmärgen.

Johan tog fram alla filtar han kunde hitta och lindade in barnen och deras mamma. Sedan tände han några värmeljus och ställde dem i en cirkel runt sig. Det gav knappt någon värme, men det gav en illusion av ljus, av trygghet.

Han såg på sin familj och kände en värme som inte kom från ljusen. De var tillsammans nu och det var det viktigaste. Han såg på dem en efter en. "Vi gör så här," sa han och samlade deras blickar. "Vi hjälps åt, vi delar på allt vi har och vi gör en plan för hur vi ska klara oss." Barnen nickade allvarligt. De förstod vad som stod på spel. Mamman såg på honom och log svagt. "Tack, Johan," sa hon tyst. Han skakade på huvudet. "Vi klarar det här. Tillsammans."

Slutet på dag 6 – En ny verklighet, men med nytt hopp

När natten föll låg de alla nära varandra under filtarna. Det var fortfarande kallt. De hade fortfarande knappt någon mat.

Men de hade varandra

Och för första gången på sex dagar kände Johan att han inte behövde göra detta ensam och den insikten betydde allt.

Dag 6
Kerstin - När ensamhet ersätts av gemenskap

Kerstin vaknade till ljudet av vinden som ven utanför fönstret. Morgonen var kall, rummet var kallt, och världen utanför var lika tyst som den varit de senaste dagarna. Hon låg kvar i sängen en stund och stirrade upp i taket, lyssnade på sin egen andning och försökte känna efter hur kroppen mådde.

Febern var bättre

Den var inte helt borta, men den brännande känslan i bröstet hade avtagit något, och hon kände sig inte lika yr som hon gjort dagarna innan. Det var en lättnad, hon behövde vara stark nu. Hon tog sig långsamt upp, virade sjalen hårdare runt axlarna och gick ut i köket, hon hade fortfarande gott om mat, men efter kommunens besked om att det skulle dröja minst två till tre veckor innan el och vatten kom tillbaka, hade hon börjat räkna på hur länge hennes förråd faktiskt skulle räcka.

Det var inte tillräckligt

Hon hade planerat för en kris, men inte för en utdragen samhällskollaps. Hon kunde ransonera, dra ut på det som fanns, men hon visste att hon snart måste hitta en lösning för att få in mer mat och vatten. Hon var mitt uppe i att koka upp vatten för att göra en kopp te när det plötsligt knackade på dörren.

Hon ryckte till

Hon hade inte haft besök sedan krisen började. Vem kunde det vara?

Ensamheten bryts

Hon gick långsamt till dörren, tog ett djupt andetag och öppnade försiktigt. Utanför stod två av hennes grannar – Peter och Sofia. De såg bleka ut, frusna, men deras ögon var fyllda av något som Kerstin kände igen. Beslutsamhet.

"Vi behöver prata," sa Peter allvarligt. Kerstin såg på dem en stund och nickade sedan. "Kom in."

De klev in i hallen och stampade av sig den värsta kylan. Hon kunde se på dem att de hade det svårt. Peter var en man i femtioårsåldern, alltid korrekt klädd och ordentlig, men nu såg han ovårdad ut, som om han inte sovit på flera nätter. Sofia var några år yngre och brukade alltid ha ett leende på läpparna, men idag var hennes ansikte stelt och ögonen trötta. "Vi kommer inte ensamma," sa Sofia och vände sig mot dörren. Bakom dem klev ytterligare två personer in – Peters fru, Eva, och Sofias man, Henrik. Eva såg lika sliten ut som sin man, hennes hår var rufsigt och ögonen djupt skuggade av trötthet. Hon såg ut som någon som inte sovit ordentligt på flera dygn. Henrik, som vanligtvis var en stor och robust karl, såg mindre självsäker ut än han brukade. Kerstin ledde dem till köket och hällde upp varmt vatten till kaffe, den lilla lyx hon fortfarande kunde unna sig, och ställde fram en ask med kex på bordet.

"Vad gäller det?" frågade hon och slog sig ner.

Peter och Sofia utbytte en snabb blick innan Sofia talade. "Vi vet att du har mer resurser än vi har, men vi är inte här för att be om hjälp. Vi har insett att det inte går att klara sig ensam längre. Vi vill att vi börjar samarbeta."

Kerstin rynkade pannan

Peter suckade djupt och la händerna på bordet. "Vi har precis fått veta att en av våra äldre grannar, Erik, dog i natt. Hans fru, Agneta, klarade sig inte heller. De hade ingen som såg till dem, ingen som hjälpte dem, och nu är de borta." Kerstin kände hur magen knöt sig. Hon hade bott granne med Erik och Agneta i nästan tio år. Hon hade sett dem gå sina dagliga promenader, suttit på bänken utanför huset och pratat om vädret.

Och nu var de borta

"Ingen brydde sig om dem," fortsatte Sofia. "Och vi har insett att om vi fortsätter att leva som ensamma öar, kommer fler att gå samma öde till mötes." Kerstin stirrade ner i sin kopp. Hon hade levt ensam så länge. Hon var van vid att klara sig själv. Hade planerat sin beredskap för sig själv. Men nu förstod hon vad de sa. Ensamma var de svaga. Tillsammans kunde de klara detta.

Att bygga en ny strategi

Efter en stunds tystnad tog Kerstin ett djupt andetag och nickade. "Ni har rätt," sa hon. "Vi behöver en plan." De satt tillsammans vid bordet i flera timmar och lade upp en strategi. Vad har vi för resurser?

De listade vad de hade kvar:

> Kerstin hade mat, vatten för några dagar och gasol.

> Peter och Eva hade ett stormkök och batterier.

> Sofia och Henrik hade kontakter – de visste var matutdelningarna var och hur man kunde byta till sig saker.

Hur delar vi på arbetet?

> Kerstin skulle fortsätta ansvara för matlagning, eftersom hon hade mest resurser.

> Peter och Henrik skulle hålla koll på säkerheten i området – rykten gick om att vissa började bryta sig in i andras hem.

> Sofia och Eva skulle leta upp andra som behövde hjälp och försöka ordna fler resurser genom byteshandel och kontakter.

Vem behöver vi hjälpa?

> Erik och Agneta var redan borta, men fanns det fler som var ensamma?

> Skulle de försöka samla fler i gruppen, eller var de redan för många? Kunde de byta resurser med andra?

När de var klara satt de kvar i tystnad. Det här var inte den värld de kände längre. Det var något nytt. Och de var tvungna att anpassa sig.

Slutet på dag 6
En ny gemenskap

När kvällen kom gick Peter, Eva, Sofia och Henrik hem till sig, och Kerstin satt ensam kvar vid köksbordet. Men hon kände sig inte ensam längre, hon hade börjat denna dag som en självständig, ensam överlevare, nu var hon en del av något större. Och när hon gick och la sig den kvällen visste hon att morgondagen inte längre handlade om att bara överleva. Det handlade om att bygga något nytt – tillsammans.

Summering dag 6
Från botten till en ny styrka

Det var nu den sjätte dagen av krisen, och samhället var fortfarande i spillror. Elen var borta, vattnet knappt tillgängligt och maten en ständig kamp. För de flesta var det inte längre en fråga om att försöka leva som vanligt – det handlade om att överleva.

För Lisa, Johan och Kerstin hade dagen börjat med hunger, trötthet och en känsla av hopplöshet, men när natten föll, hade något förändrats. De hade alla insett något avgörande – ensam är svag, tillsammans kan man överleva.

De hade vaknat med oro, rädsla och en känsla av att vara fast i en situation de inte kunde kontrollera, men de skulle somna med en ny förståelse av styrkan i gemenskap.

Lisa – Från ensamhet till vilja att ge tillbaka

Lisa hade aldrig känt sig så svag som hon gjorde när hon vaknade. Det fanns ingen mat kvar, inget vatten, ingen energi. Hon var hungrig, kall och så innerligt trött. Att bara resa sig ur sängen kändes som en kraftansträngning hon knappt orkade med.

Hon hade alltid varit stolt över att klara sig själv, att inte be om hjälp. Men vad hade den stoltheten gett henne nu? En tom mage, en svag kropp, en hopplöshet hon aldrig tidigare känt.

Men det var den där kön vid vattenutdelningen, och de frivilliga som stod där trots sin egen hunger och utmattning, som förändrade något inom henne. De hjälpte henne, fast de inte behövde och för första gången i sitt liv förstod Lisa att styrka inte handlade om att klara sig ensam. Det handlade om att finnas där för andra. När hon satte sig ensam i sin kalla lägenhet den kvällen, med det lilla vatten hon fått och den sista bitet bröd som hon tuggade långsamt på, växte en tanke inom henne. Hon ville hjälpa, hon visste ännu inte hur, men hon kunde inte bara sitta och ta emot utan att ge något tillbaka.

Johan – En familj som återförenas i krisen

Johan hade vaknat och sett sina barn ligga tätt intill honom under den tjocka filten. De frös. De var hungriga. Men det som gjorde mest ont var deras rädsla. När Oliver hade viskat "Pappa, jag är orolig för mamma", kände Johan ett sting av skuld i bröstet, han hade varit så upptagen med att försöka ransonera, hitta mat och hålla ihop, att han knappt tänkt på deras mamma. Hur mådde hon? Var hon ensam? Hade hon ens något att äta? Att gå dit hade varit det enda rätta. Och när han såg henne stå där i dörren, svag och sjuk, insåg han att det här inte längre handlade om bara honom och barnen.

Hon behövde dem. Och de behövde henne

När de satt runt bordet senare den kvällen, efter att ha delat en skål varm soppa vid nödstationen och burit hem hennes få tillhörigheter, insåg han något han aldrig tidigare riktigt förstått: familjen var deras starkaste resurs, de hade nästan ingenting, men de hade varandra. Och när han såg sina barn krypa ihop bredvid sin mamma, värmda av filtar och värmeljus, visste han att de tillsammans skulle klara sig.

Kerstin – Från förberedelse till ansvar för andra

Kerstin hade alltid tänkt att hon var redo, hon hade förråd, vatten och en plan. Hon hade gjort allt rätt, men vad hade det hjälpt Erik och Agneta? Två människor som bodde några hus bort, som dog i nattens kyla, ensamma och bortglömda. När Peter och Sofia, tillsammans med sina partners, stod i hennes kök och sa "Vi vill inte snylta på dig, vi vill hjälpa oss alla", insåg hon att överlevnad aldrig varit en individuell prestation. De hade suttit hela dagen och planerat, räknat, delat upp uppgifter. De hade byggt något, inte en ny värld, inte en lösning på krisen.

Men en början

Och för första gången på sex dagar kände Kerstin att hennes förberedelser inte var förgäves – de hade bara varit otillräckliga utan andra människor.

Slutet på dag 6 – En ny insikt föds

När natten föll över staden och mörkret omslöt husen, låg Lisa, Johan och Kerstin vakna och tänkte på dagen som gått. De hade börjat dagen med tomma magar, frusna fingrar och tunga hjärtan. Men de skulle somna med en ny känsla inom sig. Lisa hade insett att hon ville hjälpa Johan hade återförenats med sin familj Kerstin hade hittat en gemenskap. Och för första gången på sex dagar, kändes morgondagen inte som en mardröm utan som en utmaning de faktiskt kunde klara.

Inte ensamma

Utan varandra

När myndigheterna börjar få kontroll
men samhället fortfarande svajar

Det hade nu gått sex dygn sedan krisen bröt ut, och även om kaoset fortfarande präglade vardagen för de flesta, hade myndigheternas krisledningar börjat hitta sin form. De första dagarna hade allt handlat om att förstå omfattningen av krisen, att samla in information, att ens få en överblick över vilka resurser som fanns och var de behövdes mest.

Nu, efter nästan en vecka av konstant arbete, hade ledningsgrupperna hos kommunerna, regionerna, polisen, militären och de centrala myndigheterna börjat synka sina insatser. Men även om de nu hade strukturen på plats, syntes resultaten fortfarande knappt ute i samhället.

Människor frös fortfarande i sina hem, hungrade i långa köer, letade efter sjukvård och undrade varför inget fungerade. För befolkningen såg krisen fortfarande ut att vara i fritt fall.

Men bakom kulisserna höll staten sakta på att resa sig igen.

Kommunerna lokala ledningscentraler som
fortfarande kämpar mot överbelastning

I kommunhus över hela landet satt krisledningsgrupper i mörka rum, med pappershögar och anteckningar spridda över borden. Telefoner ringde konstant, rapporter strömmade in och möten hölls i skift, dygnet runt. Kommunchefer, krisberedskapsansvariga och lokala samordnare hade slutat hoppas på snabba lösningar, i stället handlade det nu om skademinimering. Vattendistributionen fungerade bättre än dagarna innan, men köerna var fortfarande långa och alla fick inte vad de behövde. Sop- och avfallshanteringen var på väg att bli en ny kris, eftersom avloppen fortfarande var ur funktion och det saknades resurser för att få bort allt skräp och avföring. Livsmedelsförsörjningen var fortfarande kritisk –

även om hjälp var på väg in, var logistiken ett kaos. "Vi kan inte göra mer än vad vi gör nu," sa en kommunchef och drog en hand genom sitt grånande hår. "Vi måste få ut mer information, folk måste förstå att vi försöker. Men hur berättar vi det för dem när radion knappt fungerar och nätet är nere?" Information var fortfarande en bristvara, och det ledde till rykten, panik och misstro. Folk började tappa förtroendet för kommunernas förmåga att lösa situationen. Och kommunerna var smärtsamt medvetna om det.

Polisen – Mellan ordning och upplösning

Hos polisen hade dag 6 inneburit en ny typ av utmaning, de första dagarna hade de försökt upprätthålla lag och ordning, men nu insåg de att det var en omöjlig uppgift att vara överallt samtidigt. Plundringarna hade visserligen minskat, inte för att människor blivit mer laglydiga, utan för att det inte fanns något kvar att plundra. Nu handlade polisens arbete i stället om: Att hantera konflikter vid nödstationer där folk var desperata. Att stoppa organiserade grupper som försökte roffa åt sig förnödenheter för att sälja dem svart. Att samordna sig med militären för att hålla vissa delar av städerna säkra. "Vi är ute på patrull dygnet runt," rapporterade en polischef på ett möte. "Men vi har inte resurser att ingripa överallt. Folk börjar inse att vi inte har kontroll över allt – och vissa tar tillfället i akt." Det var ingen total kollaps av rättsstaten – men den vilade nu på en skör balans.

Sjukvården – På bristningsgränsen

Sjukvården hade kämpat från minut ett i den här krisen. På dag 6 började de flesta sjukhus och vårdcentraler likna fältsjukhus i krigszoner. Läkare och sjuksköterskor jobbade dygnet runt, men med en alltmer desperat känsla av att resurserna inte skulle räcka. Antibiotika och smärtstillande började ta slut. Operationssalar kunde inte användas utan fungerande utrustning och steril miljö. Patienter som annars hade överlevt enkla infektioner började bli kritiskt sjuka. "Vi måste prioritera," sa en överläkare sammanbitet. "Vi kan inte behandla alla. Vi måste välja." Den meningen brände sig fast i allas medvetande, det betydde att vissa skulle lämnas att dö, trots att de under normala omständigheter hade kunnat räddas.

Militären – När försvaret får en ny roll

När militären klivit in på allvar under dagen hade det varit en av de största vändpunkterna i krisens utveckling. Soldater började nu hjälpa till vid, vattendistribution och matutdelningar. Transport av förnödenheter från gränserna in till centrala depåer. Skydd av sjukhus och kritiska funktioner. För många civila var det första gången de såg soldater på svenska gator, det var en skrämmande syn, men också en påminnelse om att staten fortfarande fanns där. Men även militären hade begränsningar, de kunde inte trolla fram resurser som inte fanns.

Och alla insatser tog tid

Den största svårigheten
Att få samhället att fungera igen

Även om hjälp börjat komma in, fanns det ett enormt hinder: Ingenting fungerade som det skulle. Betalsystemen var fortfarande nere, vilket innebar att folk inte kunde handla ens om de hittade en butik med varor. Transportnätet var ur balans, så även om det fanns medicin och mat på vissa ställen, kunde det inte flyttas dit det behövdes. Bränsle var en bristvara, vilket gjorde alla transporter ännu svårare. Kommunikationerna var fortfarande ostabila, vilket gjorde det nästan omöjligt att ge befolkningen klara besked. Och utan kommunikation och förtroende, blev rädsla och misstro det som styrde människors beslut.

Slutet på dag 6
Hopp i skuggan av kaoset

När natten föll över Sverige hade myndigheterna gjort framsteg, de hade kontroll på sina ledningar, hade börjat få in hjälp och sakta börjat stabilisera vissa delar av krisen. Men för befolkningen såg det fortfarande lika kaotiskt ut som tidigare, vissa började tappa hoppet. Andra började förstå att hjälpen var på väg – men att de fortfarande var tvungna att klara sig själva en tid till. Och i kommunhus, polisstationer, sjukhus och militära ledningscentraler, satt beslutsfattare och visste en sak med säkerhet: Det värsta var ännu inte över, men för första gången fanns en riktning framåt.

Den dag vi skulle klara oss på egen hand

Dag 7

Morgonen kom inte med något löfte om att dagen skulle bli lättare. Det var den sjunde dagen av krisen. Den dag som myndigheterna hade sagt att man skulle klara sig på egen hand. Den dag då alla som hade förberett sig enligt riktlinjerna borde ha kommit ut på andra sidan. Men verkligheten var en annan.

Det här var ingen mållinje

Det var ingen avslutning på en svår vecka, det var början på något ännu mer utmanande. För de som hade hushållat väl, börjat organisera sig, samarbetat och gjort allt för att dra ut på sina resurser, fanns det fortfarande en chans. Men för de som hade levt i förhoppningen om att samhället skulle fungera normalt efter sju dagar, var detta ögonblick då sanningen kom ikapp dem. Vissa hade slitit sig igenom den första veckan med en reserv av konserver och torrvaror, men nu gapade skafferierna tomma. Andra hade hoppats på att butikerna skulle öppna igen, att de skulle kunna använda sina kort och handla precis som förr, men kassasystemen låg fortfarande nere och transporterna hade ännu inte börjat rulla. Och för dem som fortfarande väntade på att någon skulle komma och rädda dem, var det idag de insåg att ingen räddning var på väg.

Morgonen bryter över ett land i förfall

Gatorna låg tysta, men tystnaden var bedräglig. I lägenheter och hus vaknade människor till en verklighet som var ännu kallare, ännu svårare och ännu mer oförutsägbar än dagen innan. Vattnet var fortfarande en bristvara, maten var ännu mer knapp. Många var så svaga att de knappt orkade resa sig. De som fortfarande hade kraft att ta sig ut började genast planera dagen. Var kunde man hitta mat? Vatten? Värme?

För de flesta handlade det inte längre om att planera för att klara sig veckan ut. Nu handlade det om att överleva dagen.

Ett samhälle som försöker starta om
men inte lyckas

Samtidigt, inne i kommunernas krisledningscentraler, hade myndigheterna börjat få bättre kontroll över sina operationer. De hade kartlagt vilka områden som behövde mest hjälp. De hade etablerat fler nödstationer för att ge ut mat och vatten. De hade fått stöd från militären för att skydda kritiska resurser och transportera förnödenheter. Men för den vanliga medborgaren såg det fortfarande ut som kaos, långa köer vid matutdelningarna. Vid varje nödstation ringlade köerna längre än dagen innan, människor stod tysta, frusna, apatiska och väntade på att få sin ranson av mat. Men mängden räckte inte till alla och för vissa kom hjälpen för sent.

Betalsystemen ligger fortfarande nere
byteshandel tar över

Med bankerna fortfarande utslagna och digitala betalningar obrukbara, började en annan ekonomi ta form, människor började byta varor med varandra. En burk konserver kunde vara värd en laddad powerbank. Ett paket cigaretter kunde bytas mot en flaska vatten. Och för första gången insåg många hur lite deras pengar var värda när de inte kunde användas.

Sjukvården på bristningsgränsen

På sjukhusen hade situationen gått från kritisk till katastrofal. Läkarna arbetade utan tillräckligt med mediciner, utan tillräckligt med utrustning, utan tillräckligt med personal.

Infektioner spred sig snabbt, eftersom hygienen var dålig och det fanns för lite antibiotika kvar. Människor med kroniska sjukdomar, som diabetes eller hjärtsjukdomar, började få allvarliga komplikationer eftersom deras mediciner var slut. Ambulanser rullade knappt längre eftersom bränslet var ransonerat till det absolut nödvändigaste. Det var den dagen sjukvården började inse att de snart skulle tvingas prioritera ännu hårdare, vissa skulle inte få hjälp – för att de inte ansågs ha en chans att överleva.

Övergången från överlevnad till samarbete

Men trots att samhället fortfarande var i spillror, började en ny verklighet sakta ta form, grupper av grannar började samarbeta och dela resurser. Nya nätverk bildades där människor organiserade vakter, delade mat och hjälpte varandra. Frivilliga började få större roller i att hålla ordning och sprida information, för de som hade hållit sig för sig själva de första dagarna, blev det idag tydligt att det inte längre var ett alternativ. Den enda chansen att klara sig vidare var att vara en del av något större.

Slutet på dag 7 – Insikten som förändrar allt

När kvällen föll var det ingen som längre trodde att detta skulle vara över imorgon. De som hade väntat på räddning hade gett upp. De som hade sparat sina resurser insåg att de var tvungna att hitta nya vägar. Och de som hade trott att ensam var stark, insåg nu att det var fel. Samhället var fortfarande trasigt. Men en ny styrka hade börjat växa. Den fanns i de små grupperna som samarbetade. Den fanns i människorna som hjälpte varandra trots att de knappt hade något själva. Och den fanns i insikten att det gamla sättet att leva var borta – och att en ny verklighet hade tagit dess plats.

Dag 7 var den dagen då många tappade hoppet

Men det var också dagen då andra började bygga något nytt

När Lisa hittar styrkan i att hjälpa andra

Lisa vaknade av en kall vind som smög sig in genom den dåligt tätade fönsterkarmen, kroppen kändes svag, magen var tom, och huvudet värkte av trötthet och näringsbrist. Hon låg kvar i sängen ett ögonblick, stirrade upp i taket och försökte samla kraft. Idag var det dag 7. Den dagen som myndigheterna sagt att man skulle klara sig på egen hand.

Men Lisa hade ingenting kvar

Inte ett enda kex, inte en enda smula bröd. Hon var törstig, men vattnet var slut sedan gårdagen. Hon visste att om hon inte gjorde något nu, skulle hon snart inte ens orka resa sig. Det enda som kunde rädda henne nu var det arbete hon börjat igår – matutdelningen. Där kunde hon få ett varmt mål mat och en kopp vatten, men bara om hon hjälpte till.

Det var hennes enda chans

Att resa sig trots svagheten

Lisa tvingade sig upp ur sängen och drog en tunn jacka över sina smutsiga kläder. Hon brydde sig inte längre om hur hon såg ut, bara om att överleva. När hon steg ut på gatan var luften bitande kall, och hon kände hur kylan kröp in genom tyget, men hon hade inget val. Hon började gå mot den nödstation där hon visste att matutdelningen pågick, vägen dit kändes längre än dagen innan. Varje steg var en kamp, hennes ben var svaga, och hon kände en lätt yrsel när hon rörde sig genom staden.

Hon var så trött

Hon kunde ha lagt sig ner, hon kunde ha gett upp. Men det fanns ingen annan som skulle rädda henne nu. Det var bara hon själv och de människor hon nu bestämt sig för att hjälpa.

Vid nödstationen
En värld av hunger och hopplöshet

När Lisa kom fram till nödstationen möttes hon av en ännu längre kö än igår. Människor stod tysta och väntade, insvepta i filtar, med tomma flaskor och utmärglade ansikten.

Hungern syntes i deras ögon

Lisa såg sig omkring. Hon var inte ensam om att ha förlorat allt. Men den här gången var hon inte bara en i kön, hon hade en uppgift. Hon gick fram till den lilla gruppen av frivilliga som stod och delade ut mat. En kvinna i en smutsig gul reflexväst såg på henne. "Du kom tillbaka," sa hon. Lisa nickade svagt. "Jag vill hjälpa till." Kvinnan log, trots att hon såg lika trött ut som alla andra. "Bra," sa hon. "Vi behöver alla händer vi kan få."

Att ge till andra – En oväntad kraftkälla

Lisa fick en skopa. Hennes uppgift var enkel: fylla koppar och flaskor med vatten åt dem som kom fram i kön. Först kändes det som att hon skulle svimma, hennes kropp skrek efter mat, hennes fingrar var iskalla, men hon tvingade sig att fokusera på uppgiften, hon var här nu, hon kunde inte bryta ihop. En efter en kom människor fram. Tysta, trötta, tacksamma. "Varsågod," sa hon gång på gång, och fyllde deras behållare. Och ju längre hon stod där, desto mer märkte hon något märkligt.

Hon kände sig lite starkare

Inte fysiskt – hon var fortfarande svag och frusen – men inombords. För första gången på sju dagar kände hon att hon inte var enbart en överlevare. Hon gjorde skillnad.

Belöningen – Ett mål mat och en ny förståelse

Efter några timmar lade en av de andra frivilliga en hand på hennes axel. "Din tur att äta," sa han. Lisa tvekade först, hon hade glömt bort sin egen hunger medan hon arbetade. Men när hon fick en skål varm mat sina händer kände hon hur tårarna brände bakom ögonlocken. Hon satte sig på en kantsten och åt långsamt, varje sked kändes som liv. Hon drack en kopp varmt te och kände hur värmen spred sig genom hennes kropp.

Hon hade klarat det ännu en dag, och det var på grund av det hon gav till andra.

En ny insikt – En ny framtid

När matutdelningen var över för dagen gick Lisa tillbaka genom staden. Hon var fortfarande trött, fortfarande hungrig, men hon var inte uppgiven längre. Hon visste att om hon fortsatte att hjälpa, skulle hon också överleva. Hon behövde inte längre vara en ensam person som bara försökte hålla sig vid liv.

Hon var en del av något större

Och den insikten gav henne mer styrka än något mål mat någonsin kunde ge.

Slutet på dag 7 – En ny väg framåt

När Lisa låg i sin säng den kvällen tänkte hon på hur annorlunda hon kände sig jämfört med dagen innan. Hon hade fortfarande ingenting, men hon hade hittat något som var viktigare än förråd och förnödenheter. Hon hade hittat en mening och det betydde att hon kunde fortsätta. Hon visste inte vad som skulle hända imorgon, men hon visste att hon skulle gå tillbaka till matutdelningen. För så länge hon hjälpte andra, skulle hon inte bara överleva – hon skulle leva.

Hemma hos Johan,
när familjen är det enda som håller ihop

Johan vaknade av att Oliver låg och tryckte sig mot honom under den tjocka filten. Han kände hur sonens kropp var kall, trots att de sovit tätt ihop. I hörnet av rummet satt Anton, vaken, insvept i en filt och stirrade tomt ut genom fönstret. Ingen av dem hade sovit bra, luften i lägenheten var rå och fuktig. Det fanns ingen värme, ingen elektricitet, ingen mat kvar. Allt de hade lagrat var nu slut.

Idag var dag sju

Den dag som myndigheterna hade sagt att man skulle klara sig på egen hand. Men Johan visste att det inte längre handlade om beredskap, det handlade om att överleva en dag till.

Beslutet att ge sig ut

Johan satte sig långsamt upp och drog händerna genom sitt ovårdade hår. Han var trött, kroppen värkte av brist på näring och han kände en matthet han aldrig upplevt tidigare. Men han visste att han inte kunde ge upp, hans söner såg på honom med hungriga ögon. Deras mamma låg fortfarande insvept i filtar och sov djupt. Hon var svag efter sjukdomen, men hon levde – och de behövde ta hand om henne. Han harklade sig och försökte hitta styrkan i sin röst. "Vi måste ge oss ut idag," sa han och såg på Anton. "Vi delar upp oss, jag tar Oliver med mig till matutdelningen, och du går med mamma till en av de butiker som har öppnat." Anton såg på honom, tveksam först, men sedan nickade han. "Inget val, eller hur?" sa han tyst. "Nej," svarade Johan. "Inget val."

Gatorna – En stad i apati

När de steg ut på gatan slog den kalla verkligheten emot dem som en vägg, det fanns ingen trafik, inga ljud av vardagligt liv, bara människor som rörde sig långsamt som skuggor genom staden. Vissa gick utan mål, bara vandrade, som om de inte ens visste vart de skulle. Andra stod i klungor, tysta, med tomma blickar. Och längre bort såg Johan de långa köerna som ringlade sig utanför nödstationerna. Det var en stad i kollaps.

Matutdelningen – En plats av desperation

Johan och Oliver gick mot nödstationen, där de visste att de kunde få något att äta. Men när de kom fram stannade de upp.

Köerna var enorma

Människor stod tysta och frusna, med tomma ögon, insvepta i filtar eller gamla jackor. Några satt direkt på marken, för utmattade för att stå. Oliver såg upp på sin pappa. "Kommer vi ens få något?" Johan svalde och knep ihop käkarna. "Vi väntar," sa han. "Vi har inget annat val." De ställde sig längst bak i kön och tystnaden var det värsta av allt. Ingen pratade. Alla var för trötta för att ens klaga.

Anton och mamman – En butik utan varor

Samtidigt hade Anton och hans mamma lyckats ta sig till en av de få butiker som hade öppnat upp igen. Men när de klev in insåg de snabbt att detta inte var som en vanlig dag i affären. Det fanns knappt något att köpa. Hylla efter hylla gapade tomt. Brödet var slut, mjölken var slut, kött, grönsaker, frukt – allt borta. Det som fanns kvar var några burkar konserver, några paket havregryn och enstaka flaskor vatten. Och längst fram i butiken satt en handskriven skylt: "Bara kontanter gäller."

Anton stirrade på skylten. De hade inga kontanter. Mamman satte sig tungt ner på en låda. "Vi har ingenting att handla för." Anton kände paniken växa i magen. Vad skulle de göra nu?

Tillbaka vid nödstationen – En lång väntan

Timmarna gick. Johan och Oliver hade inte rört sig många meter i kön, Oliver lutade sig trött mot sin pappa. "Jag vill hem." Johan strök handen över hans hår. "Vi kan inte gå hem tomhänta." Framför dem började folk bli otåliga. En man längre fram skrek: "Det måste finnas mer mat!" En kvinna svarade: "Vi har barn, vi kan inte gå hem utan något!" Johan såg hur oroliga blickar utbyttes mellan de frivilliga som delade ut maten. De visste vad som höll på att hända. Maten skulle inte räcka till alla.

Tårar och en hård verklighet

När de äntligen kom fram fick Johan två små skålar med soppa och en flaska vatten. Han tackade och tog emot det – men han såg sig omkring. Många i kön bakom honom skulle inte få något. Människor började ropa, klaga, några föll ihop av utmattning. En gammal man satt ner på marken, skakade och grät. Johan ville inte se, men han kunde inte blunda längre.

Återförening och en ny insikt

När Johan och Oliver kom hem igen, satt Anton och deras mamma vid köksbordet. De hade fått lite havregryn och en flaska vatten från butiken, efter att en vänlig själ gett dem några mynt i kön. Johan ställde ner soppan på bordet och såg på sin familj. Det här var deras verklighet nu. De delade på soppan, åt i tystnad, långsamt. Maten var knappt tillräcklig, men den betydde att de klarade en dag till. Och det var allt som räknades.

Slutet på dag 7 – En ny styrka i att hålla ihop

Den kvällen satt de tätt ihop i mörkret, värmeljusen fladdrade svagt. Johan såg på sina söner och deras mamma, de var utmattade, hungriga och osäkra på framtiden.

Men de var tillsammans

Och när han lade en arm runt sina barn, visste han att det var det enda som kunde ta dem igenom det här. Familjen var det enda som fortfarande höll ihop i en värld som höll på att falla sönder.

Dag 7 hos Kerstin
När ensamhet blir gemenskap

Kerstin vaknade tidigt, innan gryningen hunnit sprida sitt svaga ljus genom de tjocka molnen. Det var kallare i rummet än kvällen innan. Kylan hade krupit in genom väggarna och in i märgen på henne. Hon strök filten tätare om sig och låg stilla ett ögonblick, lyssnade på det tysta huset.

Det var dag sju

Dagen då alla skulle ha klarat sig själva enligt myndigheternas rekommendationer. Men Kerstin visste hur verkligheten såg ut.

Det var långt ifrån över

Morgonrutinen – En ny form av vardag

Hon drog sig ur sängen och kände genast hur svag kroppen var. Hungern hade börjat gnaga djupare, och även om hon fortfarande hade ett förråd av mat och vatten, insåg hon att det minskade snabbt nu när hon delade med sig till grannarna. Hon satte på sig sin stickade kofta och gick ut i köket, där lukten av kokt havre och kaffe redan spred sig. I vardagsrummet satt Peter, Sofia, Henrik och Eva runt bordet, där de kokade gröt i en stor kastrull över gasolköket. Det hade blivit deras morgonrutin – att dela en enkel frukost, fylla på sina kroppar med energi, och planera dagens överlevnad. Utan den rutinen hade allt fallit samman.

Samtalet om mat och vatten

När alla hade fått varsin skål gröt, satt de tysta ett ögonblick och åt. Peter såg på Kerstin och nickade. "Vi har tur att du hade så pass mycket förråd." Kerstin skakade på huvudet. "Det var tänkt för en, kanske två personer. Vi är sex nu. Vi kan hålla ut några dagar till, men sedan måste vi hitta mer." Sofia såg ner i sin skål. "Vi måste ha en plan. För mat, för vatten... och för sjukdomarna." Alla visste vad hon menade.

Den nya faran – Magproblemen sprider sig

I flera dagar hade de kämpat med bristande hygien och dålig sanitet. Nu började konsekvenserna visa sig. De flesta av dem hade magproblem – ont i magen, diarré, svaghet. Vattenbristen gjorde att de inte kunde tvätta sig ordentligt, och det fanns inga fungerande toaletter. Henrik, som var den som drabbats hårdast, satt med huvudet i händerna. "Vi behöver läkemedel," mumlade han. "Vi kan inte fortsätta så här."

Planen för att hitta mer resurser

Efter frukosten samlades gruppen kring köksbordet för att lägga upp en strategi. Kerstin tog fram en anteckningsbok där hon börjat skriva upp allt de hade och allt de behövde. Mat – Förrådet minskade snabbt. De behövde hitta mer, byta till sig eller se om butikerna fått in något. Vatten – De hade några dunkar kvar, men det räckte inte länge till. De behövde mer regnvatten, eller hitta en bättre källa. Läkemedel – Värktabletter, vätskeersättning, mediciner mot magproblem – allt var slut. "Vi måste dela upp oss," sa Peter. "Vi kan inte alla gå åt samma håll."

Uppdraget delas upp

Efter en stunds diskussion bestämde de sig för hur de skulle agera under dagen. Kerstin och Sofia skulle gå till en av de butiker som öppnat och försöka byta till sig mat och mediciner. Peter och Henrik skulle leta efter en bättre vattenkälla – kanske en av de större vattentankarna som kommunen satt upp. Eva skulle stanna kvar och försöka hålla i gång köket och ordna en bättre toalettlösning De skakade hand på det. De var inte bara grannar längre. De var ett team.

En stad i desperation

Kerstin och Sofia gick genom staden med tomma väskor och en gnagande oro i magen, gatorna var fortfarande fulla av apatiska människor. Många hade gett upp att försöka hitta mat, de såg en man sitta på trottoaren, skakande, med tomma ögon. "Ett par dagar till, och vi kan bli som dem," viskade Sofia. Kerstin svalde hårt. "Vi kan inte låta det hända."

Butiken – En kamp för mat och mediciner

När de kom fram till butiken var kön redan lång. Människor trängdes, pratade lågmält, utbytte varor i hopp om att få något i gengäld. När de kom in såg de genast att hyllorna var nästan tomma. Men vid kassan stod en äldre man som höll koll på de varor som fanns. Kerstin steg fram och tog fram en av de gasoltuber hon hade kvar hemma. "Vi behöver mat och medicin," sa hon. Mannen såg på tuben och nickade långsamt. "Vi kan ge er lite konserver och några värktabletter. Inget mer." Kerstin och Sofia utbytte blickar. Det var inte mycket, men det var mer än inget.

En ny vattenkälla – Men inte utan risk

Samtidigt hade Peter och Henrik hittat en kommunal vattentank, men där fanns hundratals människor i kö. Folk grälade, skrek, försökte tränga sig. En man svor åt en annan. "Du tog mer än du fick!" En kvinna skrek. "Jag har barn! De behöver vatten!" Det var en tunn linje mellan ordning och upplopp. Peter kramade hårt om sina dunkar. "Vi måste hålla oss lugna." Henrik var blek, svag av sina magproblem. "Om det blir bråk... vi går härifrån." Det blev en lång väntan, men till slut fick de två dunkar vatten. Det var inte mycket – men det var livsviktigt.

Tillbaka hemma – En ny insikt

När de alla återvände hem var de utmattade, men lättade. De hade fått lite mer mat. De hade lite mer vatten. De hade några värktabletter som kunde lindra feber och smärta. När de satt runt bordet den kvällen, med sina små ransoner av mat, insåg Kerstin något, det här var inte längre en kris, det var en ny verklighet. Och de enda som skulle klara sig var de som höll ihop. Hon såg på sina grannar, deras trötta men beslutsamma ansikten, och visste att de var starkare nu än de varit dagen innan.

De hade varandra

Och det var det enda som fortfarande spelade någon roll.

Slutsummering – Sju dagar som förändrade allt

Sju dagar

Sju dygn sedan allt föll samman, sedan elen slocknade, vattnet slutade rinna och samhället som alla tagit för givet ställdes på sin spets. Sju dagar av hunger, kyla, trötthet och osäkerhet. Men också sju dagar av kamp, insikt och en växande förståelse för vad som verkligen betyder något när allt rasar samman. Lisa, Johan och Kerstin hade gått in i den här krisen med helt olika förutsättningar, men när den första veckan nu var över, stod de inför samma insikt:

Ingen klarar sig ensam

Den första veckan hade varit överlevnad, men om de skulle orka två, tre eller ännu fler veckor, var det inte längre bara mat och vatten som skulle rädda dem. Det var människorna omkring dem.

Lisa – Från ensamhet till en del av något större

Lisa hade börjat den här veckan ensam, oförberedd och utan en plan. Hon hade ingen mat, inget vatten och ingen plan för vad hon skulle göra när resurserna tog slut. Hennes första dagar präglades av panik, svält och en gnagande känsla av att hon gjort allting fel. Men när hon stod där i kön vid vattenutdelningen och såg de frivilliga som delade ut vad lite de hade, förändrades något inom henne. Hon förstod att den som bara tar, aldrig kommer att överleva i längden. Så hon började hjälpa till. Det lilla hon kunde bidra med – att fylla på flaskor, dela ut mat, lyssna på människor – blev hennes räddning. Hon fick en plats, en uppgift, och i utbyte fick hon mat och vatten att klara sig på. Men framför allt fick hon en ny förståelse för vad överlevnad verkligen innebar. Det handlade inte om att sitta ensam och vänta på att hjälpen skulle komma. Det handlade om att skapa den hjälpen, tillsammans med andra. Om hon skulle klara de kommande veckorna, visste hon nu vad som krävdes. Hon behövde fortsätta ge – för att kunna få tillbaka.

Johan – När familjen blir den starkaste kraften

Johan hade haft en bättre start än Lisa, men hans utmaningar var av en annan sort, han hade ett förråd, ett stormkök, en plan, men den räckte inte längre än till den första veckan. När maten tog slut, när gasolen var borta, när vattnet inte längre fanns i dunkarna, stod han där precis som alla andra – i en kö, i en butik med tomma hyllor, med en utmattad familj vid sin sida. Men det som räddade honom var inte beredskapen.

Det var familjen

När hans söner sa att de var oroliga för sin mamma, insåg han att han inte kunde klara det här ensam. Han och barnen hämtade hem deras mamma, och från den stunden var de en enhet igen. När de delade på ansvaret, när de gick åt olika håll för att hitta mat och vatten, när de samlades på kvällen och delade det lilla de hade, insåg han något han aldrig tidigare förstått fullt ut. I en kris är ensamhet en dödsdom – men familjen är en livlina. Han hade alltid tänkt att förberedelser var nyckeln till att klara en kris, men nu visste han att samarbete var ännu viktigare. Det var därför de skulle klara sig vidare. Inte för att de hade mer resurser – utan för att de hade varandra.

Kerstin – Från individ till ledare

Kerstin hade gått in i krisen bättre rustad än både Lisa och Johan. Hon hade vatten, mat, mediciner och bränsle. Men hon hade också något annat – en livslång vana att klara sig själv. Hennes första instinkt var att hålla sig undan, att spara sina resurser, att överleva ensam. Men när hon såg hur hennes grannar kämpade, hur de förlorade sina sista resurser, hur sjukdomar började sprida sig, insåg hon att hennes beredskap hade en svag punkt. Den fungerade bara om hon var ensam.

Men ingen överlever ensam

Så hon öppnade sitt hem. Hon delade med sig, hon planerade, hon organiserade. Och det som hade börjat som en grupp främlingar som alla kämpade för sig själva, blev nu en enhet, en grupp som planerade för hur de skulle klara sig vidare – tillsammans. När veckan var slut insåg hon att hon inte längre tänkte på sin egen överlevnad först. Hon tänkte på gruppens överlevnad. Och det var därför de skulle klara sig.

Vad avgjorde vem som klarade sig?

Sju dagar hade gått. Den tid som myndigheterna sagt att alla borde klara sig själva. Men Lisa, Johan och Kerstin visste nu sanningen. Det var aldrig de individuella resurserna som avgjorde vem som skulle överleva. Det var gemenskapen. Lisa klarade sig för att hon hittade ett sammanhang där hon kunde bidra och få tillbaka. Johan klarade sig för att han insåg att hans familj var hans största styrka. Kerstin klarade sig för att hon gick från att vara en ensam beredskapsperson till att bli en ledare i sin grupp. Deras första vecka i krisen hade varit en prövning, men den verkliga utmaningen låg fortfarande framför dem. Nu handlade det inte längre om att ta sig igenom en vecka. Nu handlade det om att överleva en månad. Två månader. Kanske längre. Och det fanns bara en väg framåt. Ingen klarar sig ensam. Men tillsammans kan man överleva.

Och det var den viktigaste insikten av dem alla

Summering av de första sju dagarna – Myndigheternas perspektiv

Sju dagar

Sju dygn sedan samhället föll ur sin ordning. När elen slocknade och vattnet slutade rinna, när internet försvann och betalsystemen kraschade, när sjukhusen snabbt blev överbelastade och polisens resurser sträcktes till sin yttersta gräns. Det fanns ingen återgång till det normala efter den första veckan. Det fanns bara en långsam, smärtsam insikt:

Vi var inte redo

Myndigheterna hade förberett sig på kriser, de hade planer och riktlinjer, men inget av det hade varit tillräckligt. För när hela samhällets fundament rämnade på en gång, fanns det inga rutiner, inga system, ingen beredskap som kunde möta verkligheten i den omfattning som krävdes. Och nu, när den första veckan var över, satt myndigheter, kommunledningar och krisgrupper i möten där sanningen inte längre kunde ignoreras. Vi hade underskattat vad en verklig kris innebär.

Kommunerna
När krisplanerna visade sig vara otillräckliga

Kommunerna hade ansvaret för att hålla ihop samhället på lokal nivå, men deras resurser var aldrig avsedda att hantera ett långvarigt och landsomfattande haveri. När krisen slog till försökte de organisera sig, upprätta nödvattenstationer, utdelning av mat och informationskanaler. Men det fanns aldrig tillräckligt, vattenstationerna kunde inte försörja hela befolkningen och många gick därifrån tomhänta. Matutdelningarna var otillräckliga, för de fanns inga fungerande distributionskedjor.

Kommunikationen till medborgarna var svag, för det fanns ingen fungerande infrastruktur att sprida information genom. Människor stod i timmar i köer, bara för att få veta att vattnet tagit slut eller att maten inte räckte. Många kommuner hade krisplaner, men de var baserade på för korta tidsramar. De var aldrig utformade för att hantera en veckolång nationell kris – och definitivt inte en som kunde pågå under flera veckor.

Sjukvården
När kapaciteten kollapsade

Sjukvården hade varit under press redan innan krisen började, men det som hände under dessa första sju dagar var värre än någon hade föreställt sig. Utan elektricitet och rent vatten blev sjukhusen snabbt ohygieniska och överbelastade. Patienter som i vanliga fall skulle ha fått snabb vård, fick nu vänta i timmar eller dagar – många dog i väntan. Mediciner började ta slut redan på dag tre, och det fanns inga leveranser på väg. Ambulansverksamheten fungerade knappt, för bränslet var ransonerat och prioriterades till de mest akuta fallen. Sjukvården gick från att vara överbelastad till att vara en krigszon, läkare och sjuksköterskor arbetade dygnet runt, men varje dag ställdes de inför tuffare beslut: Vem får vård? Vem får inte? Det var inte längre en fråga om resurser – det var en fråga om överlevnad.

Polisen
När lag och ordning började upplösas

Polisen hade trott att de första dagarna skulle bli de värsta, men nu, en vecka in, insåg de att det var nu som den verkliga prövningen började. Plundringarna hade avtagit – inte för att människor blev mer laglydiga, utan för att det inte fanns något kvar att plundra. Våldsbrotten ökade, särskilt vid nödstationer och i butiker där resurserna var begränsade. Organiserade grupper började ta över vissa områden, där de kontrollerade förnödenheter och sålde dem till ockerpriser. Polisen hade inte tillräckligt med personal för att hantera situationen. De försökte hålla ordning, men när människor blev desperata, var lagen inte längre något de kunde lita på. Det sociala kontraktet började lösas upp. Folk började förstå att de var tvungna att skydda sig själva.

Butiker och logistik
När varuflödet avstannade

Om det fanns en grundläggande svaghet i samhället som blev tydligast under dessa dagar, var det beroendet av fungerande logistik och leveranskedjor. De flesta butiker hade haft mat för max tre dagar – sedan var hyllorna tomma. Bränslebristen gjorde att transporter stod stilla. Utan digitala betalsystem kunde inte ens de få butiker som hade varor sälja dem. Det spelade ingen roll att det fanns mat och mediciner på lagren – de kom aldrig fram. Och utan transporter, utan kommunikation och utan fungerande ekonomi, var hela samhället satt i en låst position där resurserna inte nådde människorna som behövde dem.

Den hårda sanningen
Vi var inte redo

Efter sju dagar visste myndigheterna och regeringen att detta var en nationell katastrof av en helt ny skala. Covid-pandemin hade varit en prövning – men detta var något annat. Det fanns ingen fungerande el, det fanns inget vatten i kranarna. Det fanns inga digitala betalsystem. Det fanns ingen ordentlig sjukvård. Det fanns ingen fungerande logistik. Och ingen plan de haft innan krisen hade varit utformad för att hantera allt detta samtidigt. Samhället hade alltid utgått från att en kris skulle vara begränsad i tid och rum – men detta var något mycket större.

Vad nu?

Efter en vecka hade de flesta myndigheter accepterat att detta inte var en kortvarig kris. Detta var en uthållighetsprövning. Om två veckor, tre veckor, en månad – vad händer då? Vem har resurser kvar? Vem har ork att fortsätta? Och viktigast av allt,

Hur återuppbygger man ett samhälle som har brutits ner till sin kärna?

Det fanns inga enkla svar. Men en sak visste alla: Det gamla sättet att hantera kriser fungerade inte längre. Och om inte nya lösningar kom fram snart, skulle samhället inte bara vara i kris – det skulle förändras för alltid.

Medborgarens nya ansvar
insikten att ingen annan kommer att rädda dig

Ett samhälle i förändring

När den åttonde dagen grydde var det som om ett nytt skifte hade skett i luften. Den akuta chocken hade lagt sig, men i stället för lättnad, vilade en tung insikt över städer och byar – detta var långt ifrån över. Den första veckan hade varit en kamp mot tiden, mot bristen på resurser, mot osäkerheten i vad som skulle hända härnäst. Människor hade stått i köer i timmar, delat sina sista matbitar, försökt förstå varför ingenting fungerade och varför hjälpen aldrig kom i den omfattning de hoppats på. Men nu, när vecka två började, var det som om hela samhället långsamt började omformas. Det var inte längre en fråga om att vänta ut stormen. Nu handlade det om att anpassa sig – eller förlora allt.

Insikten om att vi aldrig var redo

För många hade den första veckan varit en brutal väckarklocka, vi var aldrig redo, vi hade aldrig varit redo. Alla de vackert formulerade beredskapsplanerna, myndigheternas broschyrer, rekommendationerna om att ha mat och vatten för sju dagar – inget av det hade räckt. Kommunerna hade inte varit rustade för den här typen av kollaps. Polisen hade inte haft resurser att hålla ordning på desperata människor. Sjukvården hade redan varit på gränsen innan krisen började – nu var den trasig, överbelastad och utarmad på resurser.

Och medborgarna?

De hade levt i en illusion om att samhället var robust. Nu förstod de att allt hängde på en skör tråd.

Ett nytt sätt att organisera sig

Men när de första sju dagarna var över, började en annan mentalitet ta form. Folk slutade vänta på att någon annan skulle lösa problemen. De insåg att myndigheterna gjorde vad de kunde – men att det inte var tillräckligt. Vi måste ta ansvar själva, vi måste organisera oss själva. Små grupper började bildas, i trapphusen i flerbostadshusen började grannar som knappt hälsat på varandra förut sitta i kvällsmörkret och diskutera hur de skulle hjälpas åt. I villaområden började folk skapa egna trygghetsgrupper, där någon höll koll på mat och vatten, någon annan undersökte möjligheter för ved och uppvärmning, och en tredje höll uppsikt över gatorna för att se till att ingen plundrade. Det var en ny form av samhället som började ta form. Inte baserat på lagstiftning eller kommunala beslut, utan på ren överlevnad, på samarbete, på en insikt om att ingen klarar sig ensam.

När samhället blir lokalt igen

På många sätt började Sverige återgå till en äldre tid. En tid då man kände sina grannar. En tid då man hjälpte varandra inte för att man var tvungen, utan för att det var det enda sättet att klara sig. Det var inte längre kommunen eller polisen som höll samhället samman – det var människorna själva. För första gången på länge började vi prata med varandra igen.

Den nya vardagen
Att planera för en kris utan slutdatum

För de flesta handlade det nu om att skapa rutiner för en vardag som var allt annat än normal. Vatten var fortfarande en bristvara, och många hushåll hade börjat samla regnvatten och rena det själva. Matförsörjningen var ännu osäker, och folk började byta varor med varandra – konserver mot batterier, mediciner mot gasol. Värmen var en konstant oro, och nu högs det ved runt om i samhället, det byggdes enkla kaminer och samlades in filtar i bostadsområden. Sjukdomar började sprida sig, och folk letade desperat efter magmediciner, smärtstillande och annat som kunde lindra symtom. Den som hade förberett sig på en kris i en vecka insåg att det inte räckte. Nu handlade det om en månad – kanske längre.

Myndigheterna försöker återta kontrollen

Samtidigt satt kommuner, polis och regering i ändlösa möten och försökte hitta lösningar, men det var redan för sent. Samhället hade redan börjat förändras på gräsrotsnivå. Medborgarna hade slutat vänta, de hade börjat agera själva. Och frågan var nu inte längre om myndigheterna skulle återställa ordningen – utan om ordningen redan höll på att byggas om, utan dem.

Vad händer nu?

När vecka två började var det tydligt att vi befann oss vid ett vägskäl. Skulle vi försöka återgå till det gamla? Eller skulle vi bygga något nytt? För de flesta fanns ingen väg tillbaka, de såg nu samhället för vad det var – skört, beroende av fungerande system, bräckligt när något stort hände. Nu ville de ta kontrollen själva och oavsett om krisen skulle vara i två veckor eller två månader, var en sak säker:

Samhället skulle aldrig bli som förut igen.

Kommunens roll i en ny verklighet
När medborgarna kräver förändring

När den första veckan av krisen hade passerat stod det klart för alla att kommunens krishantering hade misslyckats. Det var inte brist på goda intentioner. Det var inte brist på personal som ville hjälpa.

Men det var ett systemfel, ett fel som bottnade i år av distans mellan kommunen och medborgarna.

Varför fungerade inte kommunens krishantering?

De kommunala krisplanerna hade sett bra ut på pappret, det fanns rutiner för nödvatten. Det fanns planer för samordning av hjälpinsatser, det fanns beskrivningar av hur kommunen skulle kommunicera med invånarna. Men när krisen slog till, visade sig alla dessa planer vara anpassade för en annan sorts kris. De var inte skrivna för en situation där hela samhället drabbades på en gång.

Så vad gick fel?

Kommunikation och information föll samman, när elen och mobilnätet försvann hade kommunen inga reservsystem för att nå ut till invånarna. Invånarna visste inte var de skulle få information ifrån och kommunens egna anställda visste knappt mer än allmänheten, det skapade förvirring, misstro och frustration.

Beslutsvägarna var för långsamma. Kommunerna var beroende av beslut från högre instanser, vilket gjorde att de förlorade dyrbar tid. Medan medborgarna stod i timmar i kö för vatten, satt tjänstemän i möten och diskuterade hur de skulle hantera situationen. När beslut väl fattades, var det redan för sent för många som behövde hjälp.

Kommunens beredskapslager var bristfälliga. Många kommuner hade inga egentliga lager av mat, vatten eller mediciner. De förlitade sig på att staten, Försvarsmakten och andra aktörer skulle rycka in vid en kris, när dessa resurser inte kom i tid, fanns det inget att distribuera.

Ingen hade tränat på en kris av denna storlek. De övningar som kommunen hade genomfört tidigare var byråkratiska simuleringar i konferensrum. Ingen hade testat att faktiskt genomföra vattenutdelning under kaosartade förhållanden. Ingen hade förberett sig på hur man skulle agera när folk blev desperata och började plundra butiker för att överleva. Kommunen hade skapat sina planer utifrån ett kontrollerat samhälle – inte utifrån verkligheten.

Medborgarna inser att förändring krävs

När veckan var över och krisen fortsatt pågick, började folk ställa sig en ny fråga:

Varför var vi så oförberedda?

Och framför allt: Varför fick vi aldrig vara en del av beredskapsarbetet? För sanningen var att kommunerna hade planerat i slutna rum, utan att involvera de människor som faktiskt skulle behöva hantera krisen. Det fanns inga samverkansgrupper mellan kommunen och bostadsområdena Det fanns inga krisplaner som involverade de boende själva Det fanns inga forum där medborgarna kunde få insyn i hur kommunen arbetade med beredskap. Nu var det dags att ändra på det.

En ny dialog mellan kommunen och medborgarna

När de första krisveckorna gick och kommunen insåg att deras tidigare strategier hade fallit, började en ny rörelse ta form. Medborgarna krävde öppenhet, delaktighet och träning i krisberedskap på ett helt nytt sätt.

Medborgarbaserade krisgrupper

Invånarna ville att kommunen skulle erkänna att de inte kunde lösa allt själva, de krävde att varje bostadsrättsförening och villaområde skulle få stöd att bygga egna krisgrupper. Kommunen skulle inte längre bara planera – de skulle utbilda och samverka med lokala grupper.

Nya kommunikationskanaler

De digitala systemen visade sig vara sårbara, nu vill medborgarna ha radio, fysiska anslagstavlor och informationspunkter i varje område. Kommunen behövde se till att information kunde spridas även om el och internet låg nere.

Fysiska beredskapslager i varje stadsdel. Det räckte inte att ha centrala lager – det behövde finnas mat, vatten och mediciner utspridda på flera platser. Bostadsrättsföreningar och lokala föreningar skulle få tillgång till beredskapsmaterial.

Obligatoriska krisövningar för invånare

I stället för att bara ha administrativa övningar för tjänstemän, behövde vanliga människor få träna på att hantera olika krisscenario. Det skulle bli en del av vardagen att veta hur man samlar vatten, renar det, lagrar mat och håller sig varm. Om människor fick uppleva en kris i en övning, skulle de vara bättre rustade om den verkliga krisen kom.

En ny framtid för kommunal krisberedskap

När krisen pågått i några veckor stod det klart att den gamla modellen av krishantering var död.

Kommunen kunde inte längre vara en isolerad organisation som fattade beslut över huvudet på invånarna.

De var tvungna att bli en del av samhället igen. Transparens ersatte hemlighetsmakeri, samarbete ersatte centralstyrning.

Lokal beredskap ersatte beroendet av staten, det var slutet på en era där invånare behandlades som passiva mottagare av hjälp. Och början på en ny verklighet där samhället byggdes upp – av medborgarna själva, tillsammans med kommunen. För om det var en sak alla nu visste: En kris kommer alltid att komma.

Och nästa gång måste vi vara redo – tillsammans.

Polis och rättssamhälle
När samhället testas på riktigt

När krisen slog till var det inte bara vatten, el och mat som tog slut – även tilliten till samhällets stabilitet började erodera.

Det började som små incidenter.

En person trängde sig i kön vid en nödvattenstation och ett slagsmål bröt ut En desperat familj försökte ta sig in i en låst butik för att hitta mat. En grupp unga män slog sönder en bankomat i hopp om att kunna ta ut pengar – trots att banksystemet låg nere. För många var detta väntat.

För polisen?

Det var en chock.

När polisens metoder slutade fungera

Under de första dygnen försökte polisen hantera situationen som om det var en vanlig kris. De patrullerade gatorna och försökte lugna människor. De försökte upprätthålla ordningen vid nödstationer och butiker. De arbetade utifrån sina etablerade procedurer för krishantering. Men snart insåg de att detta var något helt annat än de hade övat för.

Våldet var inte planerat, det var desperat- Detta var inte organiserad kriminalitet, det var vanliga människor som agerade i panik. Familjer som aldrig tidigare brutit mot lagen bröt sig in i lagerlokaler för att få mat till sina barn. Folk ställde sig inte bara i köer – de började ta det de behövde med våld.

Polisen var för få – och resurserna räckte inte. I vanliga fall kunde polisen samla resurser från andra delar av landet vid en kris. Men nu var hela landet drabbat – det fanns ingen hjälp att skicka någonstans. Poliserna var trötta, hungriga och underbemannade, men förväntades hantera ett samhälle i fritt fall.

Lagar och regler tappade sin mening. Vad var rimlig rättvisa i en kris där alla kämpade för överlevnad? Skulle polisen gripa en kvinna som stal blöjor och barnmat? Skulle de gripa en man som stal en dunk bensin för att värma sin familj? Vem var kriminell, och vem var bara en överlevare som gjorde vad som krävdes?

Dessa frågor hade inget enkelt svar. Men en sak blev tydlig: Det gamla rättssystemet fungerade inte i ett samhälle som kollapsat.

Samhället delas upp
De som försvarade sig själva och
de som litade på polisen

Efter den första veckan började människor dela upp sig i två grupper.

De som fortfarande trodde på polisens auktoritet. Dessa människor försökte följa reglerna, ställde sig i köer, och hoppades att samhället snart skulle återgå till det normala. De såg polisen som en nödvändig del av ordningen, även om de också började tvivla på deras förmåga.

De som tog lagen i egna händer. Dessa människor insåg att polisen inte kunde skydda dem längre. De började beväpna sig, patrullera sina egna områden och ta kontroll över sina egna resurser. Vissa bildade medborgargarden för att skydda sina kvarter – andra började utnyttja situationen för egen vinning. Snart var det inte längre bara polisen som bestämde vad som var lag och ordning. Det var de lokala grupperna, de starkaste, de mest organiserade.

Den hårda insikten
Lagboken fungerar inte i en kollaps

Efter två veckor av kris tvingades polisen börja fatta beslut som aldrig hade varit tänkbara tidigare. Vissa brott beivrades inte längre – man såg mellan fingrarna när folk stal mat eller vatten. Vissa områden lämnades åt sig själva – polisen hade inte resurser att hålla ordningen överallt. Man började samarbeta med de mest stabila medborgargrupperna – för de kunde upprätthålla lugn på platser där polisen inte kunde närvara.

Detta var inte rättsstaten som den en gång varit. Detta var en helt ny verklighet.

Vad måste förändras inför nästa kris?

När samhället började stabilisera sig igen, var det många som ställde den viktigaste frågan av alla: Hur förbereder vi polisen och rättssamhället bättre inför nästa gång? För alla visste att det skulle bli en nästa gång. Och om vi fortsatte på samma sätt som förut, skulle samma kaos upprepas.

Tre stora förändringar krävdes:

Polisen måste öva på samhällskollapser – inte bara korta kriser. Man kan inte längre anta att en kris bara varar några dagar. Polisen måste träna på hur man hanterar ett samhälle där rättsstaten är bruten i veckor eller månader. Det krävs strategier för att hantera desperata människor – inte bara organiserad kriminalitet.

Lagstiftningen måste ha beredskapsanpassningar. Vilka lagar gäller i en kris? Ska det finnas undantagslagar för situationer där människor stjäl för att överleva? Ska medborgargarden vara lagliga i vissa situationer?

Medborgarna måste bli en del av trygghetssystemet Det var tydligt att polisen inte kunde hantera en nationell kris själva, lokala trygghetsgrupper behövde bli en del av beredskapsplanerna. I stället för att se beväpnade grannar som ett hot, kanske man måste organisera dem bättre?

Framtidens rättssamhälle – en nödvändig förändring

När samhället så småningom började återgå till någon form av ordning, kunde man inte ignorera det som hänt.

Polisen hade varit oförberedd

Rättsstaten hade kollapsat

Medborgarna hade tagit lagen i egna händer

Om nästa kris skulle hanteras bättre, måste vi förändra hela synen på hur vi upprätthåller lag och ordning i en samhällskollaps. Polisen kan inte längre bara vara en kraft som upprätthåller lagar – den måste bli en del av en bredare beredskapsstrategi. Rättsstaten kan inte vara byggd på ett antagande om att samhället alltid fungerar – den måste ha en krisberedskap där lagar anpassas efter nödlägen. Och medborgarna kan inte längre se sig själva som passiva offer som ska skyddas – de måste vara en del av tryggheten i sina egna områden.

Slutsats – Nästa gång måste vi vara redo

Nästa gång en stor kris inträffar, måste vi redan ha förberett oss på vad som händer när samhället testas på riktigt. För rättsstaten fungerar endast så länge samhället fungerar. När det kollapsar, måste vi redan ha en plan för hur vi bygger upp ordningen igen. Och den planen måste inkludera både polisen, rättssystemet och medborgarna själva.

Energi, vatten och sanitet
Samhällets största sårbarheter måste åtgärdas

När elen slocknade och vattnet slutade rinna, var det många som trodde att problemet skulle lösas snabbt.

Men dagarna gick

När avloppen började svämma över, när gatorna fylldes med sopor och människors avföring, när folk stod i timmar i kö för att få en enda dunk vatten – då insåg alla den brutala sanningen: Vi är ofattbart sårbara. Det tog mindre än en vecka innan samhället gick från organiserat till kaos.

Allt på grund av fyra system som aldrig har fått den skyddsnivå de borde ha:

Elförsörjningen

Vattenförsörjningen

Avloppssystemet

Livsmedelsförsörjning

Det är dessa fyra osynliga system som gör att vårt samhälle fungerar. Men de är också våra största akilleshälar. Och den här krisen visade hur lätt de kan slås ut – och hur snabbt det leder till samhällskollaps.

När elen slocknade
Energin som vår moderna värld vilar på

Strömavbrott är inte något ovanligt. Vi har haft dem tidigare, i timmar eller någon dag.

Men detta var något annat.

När elen försvann fanns det ingen prognos för när den skulle komma tillbaka, all digital kommunikation försvann – mobilnät, internet, banktjänster. Butiker kunde inte ta betalt – betalsystemen låg nere och få medborgare hade kontanter. Bränslepumpar slutade fungera – vilket innebar att transporterna upphörde och livsmedelsförsörjningen avstannade. Fjärrvärmen dog – och husen blev snabbt kalla, särskilt för de som saknade alternativa värmekällor. Det tog inte ens två dygn innan hela samhället kändes som en annan värld. För vår elförsörjning är byggd för effektivitet – inte för robusthet.

Ett fåtal stora kraftöverföringssystem driver hela nationen.

Elnätet är digitaliserat och därmed sårbart för cyberattacker.

Reservkraft finns – men inte i den skala som behövs för att samhället ska fungera normalt.

Vad vi såg under krisen var ett perfekt exempel på hur sårbara vi är. Utan el faller allt annat – vatten, avlopp, kommunikation, transporter, ekonomi. Det är därför energiförsörjningen måste bli en nationell säkerhetsfråga.

När vattnet slutade rinna
Från en självklarhet till en desperat kamp

Det tog mindre än 48 timmar innan paniken över vattenförsörjningen blev akut. Människor drack upp sina sista flaskor. Butikerna tömdes på vatten på bara några timmar. Köerna till nödstationerna blev snabbt kilometerlånga, folk började samla regnvatten i kastruller, hinkar och soppåsar. Många hade aldrig tänkt på hur beroende de är av kranvatten. Men när vattnet slutade komma, insåg alla att utan vatten kan du bara överleva några få dagar. Vad som gjorde situationen ännu värre var att de kommunala reservsystemen inte fungerade som tänkt. Nödvattenlösningarna var för små och nödvattnet tog slut snabbt. Det fanns ingen tydlig plan för hur vatten skulle transporteras till de värst drabbade områdena. Kommunen saknade filter och reningsutrustning i tillräcklig omfattning.

Men det mest skrämmande var hur lätt vattensystemet kunde saboteras. Cyberattacker kan slå ut vattenförsörjningen genom att störa pumpar och reningsverk. Fysiska angrepp på huvudledningar kan snabbt göra hela regioner utan vatten Kemiska eller biologiska attacker mot vattenreservoarer kan förgifta hela städer. Trots att vi alla vet att vatten är livsnödvändigt, har vi aldrig byggt in den redundans och det skydd som krävs för att säkra systemet mot hot. Den här krisen visade att vi måste göra det nu – innan nästa katastrof slår till.

När avloppen slutade fungera
Hygienen som vi tog för given

De flesta trodde att vattenbristen var det största problemet. Men några dagar in i krisen visade det sig vara avloppssystemet som var det verkliga hotet. När avloppspumparna slutade fungera på grund av elbrist, fick det snabbt katastrofala konsekvenser. Toaletter gick inte att spola

– vilket innebar att människor började göra sina behov i påsar, i badkar, på gatan. Avloppsrör började svämma över – och orenat avloppsvatten började sippra ut på gatorna. Soptömningen upphörde – och snart låg sopberg utanför bostadshus och drog till sig råttor och sjukdomar.

Det var inte bara en obehaglig situation – det var en hälsokatastrof i vardande. Sjukvården, som redan var överbelastad, började se en ökning av fall med diarré, infektioner och förgiftningar. Och allt detta skedde bara för att ett osynligt system slutade fungera.

Vad måste förändras?

Efter krisen var alla eniga om en sak: Vi kan aldrig låta detta hända igen. El, vatten och avlopp måste få en central roll i Sveriges krisberedskap.

Tre avgörande åtgärder krävs:

Decentraliserad energiförsörjning. Sverige måste minska sitt beroende av ett fåtal stora kraftverk. Lokala solcellsparker, batterilager och andra mikroproduktionsanläggningar måste byggas ut för att varje kommun ska kunna stå på egna ben vid en kris.

Lokal vattenberedskap och skydd av infrastruktur, Varje kommun måste ha egna, skyddade vattentäkter och alternativa vattenkällor. Sverige måste säkerställa att reningsverk och pumpar skyddas mot både cyberattacker och fysiska angrepp. Medborgarna måste få utbildning i vattenlagring och vattenrening.

Nya system för sanitet vid kris, Alternativa toalettlösningar måste tas fram på bred skala – torrtoaletter, latrinlösningar och andra system måste vara redo att rullas ut snabbt. Sop- och avfallshantering måste ingå i kommunens krisplaner.

Slutsats
Vi har inte råd att vänta

Den här krisen visade oss hur lätt hela vårt samhälle kan slås ut. Och vi vet att nästa kris kommer. Den stora frågan är:

Kommer vi att vara redo den gången?

Mat och logistik
Hur vi bygger upp nya system för försörjning

När matvarorna i butikerna tog slut, insåg människor för första gången hur sårbara vi egentligen är, den första dagen av krisen gick folk till affären som vanligt. Några noterade att vissa hyllor började gapa tomma, men de trodde att varorna snart skulle fyllas på. Den andra dagen blev paniken påtaglig. Kunder sprang mellan hyllorna, försökte få tag på de sista bröden, den sista pastan, de sista konserverna. Butiksanställda kunde inte göra annat än att se på när folk ryckte åt sig det lilla som fanns kvar.

Den tredje dagen var det slut på nästan allt.

Inga leveranser kom

Krisen var nu verklig

Och nu började den verkliga faran.

Vi hade ingen plan
Och vi visste inte hur vi skulle hantera bristen

I decennier hade Sverige byggt sitt livsmedelssystem på just-in-time-logistik. Butiker hade inte längre stora lager – de fylldes på dagligen från centrala lager. Grossister och leverantörer hade också minskat sina lager för att maximera effektiviteten och minimera kostnader Majoriteten av maten vi åt kommer från utlandet, transporterad genom ett enormt, globalt nätverk som fungerade så länge allting var stabilt. Men det fanns ingen reservplan för vad vi skulle göra när systemet föll samman. När lastbilarna inte längre rullade, var hyllorna tomma – och förblev tomma.

När logistiken fallerar kollapsar allt

Folk trodde att matbristen bara skulle påverka butikerna, men snart blev det uppenbart att hela samhället var beroende av fungerande transporter. Sjukhusen började få problem – medicinsk utrustning och mat till patienter tog slut. Äldreboenden hade ingen matförsörjning – personal fick gå ut och försöka hitta mat själva. Militären och räddningstjänsten kunde inte räkna med snabba leveranser – även de blev beroende av de resurser som fanns lokalt. Hela vårt samhälle hade byggts på en grund som förutsatte att varor alltid skulle kunna transporteras.

När den grunden försvann, stod vi helt handfallna.

Svensk livsmedelsproduktion
En försummad fråga

Hur kunde vi låta det gå så långt? Hur kunde vi gå från ett land som en gång var självförsörjande, till att vara beroende av importerade livsmedel för att överleva? För 50 år sedan hade Sverige en livsmedelsberedskap och en egen produktion som kunde försörja befolkningen.

Idag?

Vi importerar över 50 % av all mat vi äter.

Vi har nästan ingen statlig livsmedelsreserv kvar.

Våra lantbrukare pressas av låga priser och konkurrens från billigare importerade varor.

Vi har lagt ner en stor del av vår livsmedelsindustri, för att billigare alternativ funnits utomlands.

Detta var ett aktivt val som gjorts under decennier. Och när krisen slog till, var konsekvenserna brutala.

Lösningen
En ny lagstiftning för livsmedelsberedskap

Om vi ska undvika att detta händer igen, krävs en total förändring i hur vi ser på livsmedelsproduktion och logistik i Sverige.

Tre avgörande förändringar måste ske: Svenskproducerade livsmedel måste prioriteras, staten måste stödja svensk livsmedelsproduktion, både ekonomiskt och genom regleringar. Butiker måste ha en kvot för svenskproducerad mat, så att vi alltid har en bas av inhemsk matförsörjning. Sverige måste ha lager av råvaror och livsmedel som kan täcka åtminstone tre månaders kris.

Vi måste decentralisera vår livsmedelsförsörjning: I dag är våra matlager och transporter koncentrerade till några få stora aktörer. Vid en kris slår det ut hela systemet. Vi behöver regionala och lokala lager av mat och bränsle, så att varje kommun kan hantera en livsmedelskris själv.

Beredskapsodlingar och lokala matproduktionssystem måste byggas upp: Varje kommun borde ha egna beredskapsodlingar som kan aktiveras i en kris. Vi behöver lokala slakterier, mejerier och kvarnar som kan fungera även om internationell handel stannar av. Stadsodling och lokala livsmedelsprojekt måste bli en del av den nationella strategin.

Det här är inte längre en fråga om ekonomi eller konkurrens. Det är en fråga om nationell säkerhet.

Vad händer om vi inte gör något?

Om vi fortsätter som vi gör idag, kommer nästa kris att bli ännu värre. Nästa gång kan det vara en cyberattack som slår ut våra system. Nästa gång kan det vara en internationell konflikt som stoppar importen av livsmedel. Nästa gång kan det vara en extrem väderhändelse som påverkar hela Europas skördar. Och om vi då fortfarande är beroende av att matvaror levereras dag för dag från andra länder, kommer vi ännu en gång att stå utan en plan. Sverige måste börja ta livsmedelsberedskap på allvar – och vi måste göra det nu.

Slutsats – En ny väg framåt

Den här krisen var en brutal lärdom. Vi kan inte längre förlita oss på att maten bara ska finnas där när vi behöver den. Vi måste bygga upp ett nytt system, där vi kan klara oss själva om vi måste.

Det handlar inte om protektionism.

Det handlar om överlevnad. Och om vi inte agerar nu, kommer vi att stå oförberedda igen – med tomma hyllor och panikslagna människor. Nästa gång kan vi inte säga att vi inte visste.

Nästa gång måste vi vara redo.

Psykologin i en kris – Hur vi människor förändras

När krisen slog till, trodde de flesta att den största utmaningen skulle vara att få tag på mat, vatten och värme. Men det var inte det som blev avgörande för överlevnaden. Det var hur vi människor agerade mot varandra.

Den farligaste illusionen
Att tro att ensam är stark

I början av krisen var många övertygade om att det bästa sättet att klara sig var att isolera sig. Folk låste sina dörrar och hoppades att ingen skulle komma och be om hjälp. Några hade förråd fyllda med konserver och vatten, men valde att inte ens prata med sina grannar. Andra försökte roffa åt sig så mycket som möjligt på egen hand, i tron att egoism skulle rädda dem. Men efter några dagar av ensamhet, började paniken tränga sig in även i de mest förberedda hemmen. För ingen människa klarar en kris ensam. Det var den brutala sanningen som många insåg för sent.

När grannen blev den som räddade ditt liv

Sverige hade inte haft någon stor kris på generationer, och därför förstod vi inte vad som egentligen behövs för att överleva. Det var inte bara vatten och mat.

Det var gemenskapen

Det var förmågan att kunna lita på att någon annan ser dig, hör dig och hjälper dig. De som snabbt började samarbeta med sina grannar, sina vänner och sin familj var också de som hade störst chans att klara sig. De delade på resurser – och därmed kunde de hålla ut längre. De bytte kunskap och färdigheter den ena kanske hade ett vattenfilter, den andra kunde laga saker. De byggde upp en trygghet – för ingen vill vara ensam när mörkret faller och faror lurar.

Misstron vi byggt upp under åren blev vår största svaghet

Men samhället hade förändrats under de senaste årtiondena. Många kände inte ens sina grannar. Folk levde isolerade, med mobilen som sin enda koppling till omvärlden. Och när den digitala världen plötsligt försvann, när internet och telefoner inte längre fungerade, fanns det ingen gemenskap att falla tillbaka på. De som var vana vid att lita på myndigheter och samhällets system blev snabbt uppgivna när de insåg att hjälpen inte kom. De som i vanliga fall levde i misstro mot andra människor insåg att deras ensamhet nu var deras största svaghet. Och de som hade glömt bort medmänsklighet, fick nu känna på hur kallt ett samhälle kan bli när alla bara tänker på sig själva.

Utan gemenskap, kollapsade sjukvården ännu snabbare

När dagarna gick, blev sjukvården snabbt överbelastad.

Det fanns inte tillräckligt med ambulanser, inte tillräckligt med vårdpersonal, inte tillräckligt med mediciner. Människor som skadade sig fick ingen hjälp, de som blev uttorkade eller sjuka fick klara sig själva. Sjukhusen tvingades skicka hem patienter som i vanliga fall skulle ha fått vård. Och det som verkligen blev avgörande, var hur väl människor tog hand om varandra innan sjukvården ens blev inblandad. Hade du en granne som kunde ge dig en värktablett och lite vatten, kunde du klara dig. Hade du någon som kunde hjälpa dig att värma upp ett kallt rum, kunde du överleva natten. Hade du någon som kunde bära dig till ett skyddsrum, kunde du undvika det värsta.

Men de som var helt ensamma, utan något nätverk – de var de som föll först.

Krisen ändrade allt
Men kunde vi ha förberett oss bättre?

När människor väl insåg att ensamhet var en svaghet, hade många redan hunnit förlora ovärderlig tid. Men de som i tid började organisera sig lokalt fick ett helt annat utgångsläge. I vissa bostadsrättsföreningar bildades kristeam redan första dagen. I vissa villaområden började grannarna samordna resurser och turas om att hålla vakt. I vissa kvarter delade folk på mat, vatten och kunskap redan från start. Och det var de som hade störst chans att klara sig i längden.

Det var inte de som hade de största matförråden

Det var inte de som hade de bästa överlevnadskiten

Det var de som hade starkast gemenskap

Vad behöver vi göra nu – innan nästa kris kommer?

Den här krisen lärde oss en sak, vi måste börja bygga grannsamverkan innan vi står inför en katastrof. För om vi väntar tills krisen slår till, kommer det att vara för sent. Vi måste förändra sättet vi ser på våra grannar, våra bostadsområden och våra samhällen redan nu.

Vad kan vi göra konkret? Lär känna dina grannar redan idag Prata med dem, bygg förtroende innan en kris tvingar er att samarbeta. Skapa en enkel lokal plan för hur ni kan hjälpa varandra vid en kris Vem har mat och vatten? Vem har kunskap om första hjälpen? Vem kan laga saker?

Träna på samarbete – innan det blir en fråga om överlevnad. Ordna gemensamma övningar för grannsamverkan. Se till att ni har en kontaktlista på de som bor i området.

Stärk medmänskligheten i vardagen. Hjälp varandra redan nu, inte bara när en kris tvingar oss att göra det Om vi börjar se varandra som resurser istället för främlingar, kommer vi att ha en enorm fördel nästa gång en kris inträffar.

Slutsats
Framtidens beredskap handlar om mer än bara resurser

Det är inte bara mat, vatten och el som avgör om vi klarar oss i en kris. Det är hur vi ser på varandra som människor. Vi måste återbygga förtroendet mellan medborgare, för i en kris är det grannen, inte staten, som kommer att rädda dig. Och den förändringen måste börja nu.

Inte när katastrofen är här

För då är det redan för sent

Det nya samhället
Vad vi har lärt oss och vad vi tar med oss framåt

När krisen slog till var vi oförberedda. Inte bara på att elen skulle försvinna, att vattnet skulle sluta rinna och att matbutikerna skulle stå tomma. Vi var oförberedda på oss själva. På hur vi människor skulle reagera. På vad som händer när tryggheten försvinner och vi tvingas möta en verklighet vi aldrig tidigare sett. Men vi lärde oss. Vi lärde oss den hårda vägen.

Tre personer – Tre olika vägar genom krisen

Vi såg Lisa, som aldrig förberett sig. Hon levde som så många andra i tron att samhället alltid skulle finnas där för henne. Men samhället kollapsade på bara några dagar. Hon förlorade allt hon tog för givet – vattnet, maten, värmen. Hon frös. Hon svalt. Hon grät. Men hon gav inte upp. När hon insåg att ensamheten skulle ta hennes liv, började hon söka sig till andra. Hon fick sin första måltid på flera dagar genom att hjälpa till på en nödstation. Hon lärde sig att hon inte var hjälplös – hon kunde bidra, hon kunde ge, hon kunde bli en del av något större. Hon gick in i krisen som en ensam individ. Hon kom ut ur den som en del av en gemenskap.

Vi såg Johan, som trodde att hans lilla beredskap skulle räcka. Han hade vatten, mat och en plan. Men han insåg snabbt att det var hans familj som var den verkliga utmaningen. Hans barn var rädda, saknade sin mamma och förstod inte vad som hände. Han kunde inte bara tänka på ransoner och resurser – han var tvungen att vara en trygghet för sina barn, även när han själv var rädd. Han insåg att han inte kunde klara det själv. Så han vände sig till sina grannar, till gamla vänner, till de han kunde lita på.

Tillsammans kunde de hitta mat, hålla värmen, skapa en stabil vardag i en värld som rasade samman. Det var inte hans förråd som räddade honom. Det var människorna omkring honom.

Och vi såg Kerstin, som var förberedd men ensam. Hon hade vatten, mat och en plan. Hon hade byggt upp ett tryggt förråd, men hon hade inte byggt upp ett nätverk. Och när dagarna gick, började ensamheten kännas som en större fiende än själva krisen. Men när hennes grannar kom till henne, när de bad om hjälp inte för att stjäla utan för att överleva tillsammans, insåg hon något hon aldrig tidigare förstått. Det spelar ingen roll hur mycket resurser du har – om du inte har någon att dela dem med.

Så hon öppnade dörren.

Och när hon gjorde det, förändrades allt. Hon såg att gemenskap inte bara handlar om att dela mat och vatten – det handlar om att dela hopp. Och hopp är det enda som kan bära människor genom mörkret.

Vad vi har lärt oss
Och vad vi tar med oss framåt

Den här boken har inte skrivits för att skrämma. Den har inte skrivits för att måla upp en bild av hopplöshet. Den har skrivits för att visa vad vi kan göra – om vi börjar nu. Den har visat oss hur lätt vårt samhälle kan falla. Men den har också visat hur vi kan bygga upp det igen – starkare än förut. Vi har lärt oss att ensamhet är den största fienden.

Det är inte de med mest konserver som överlever.

Det är inte de med flest vattenflaskor.

Det är de som förstår att vi måste överleva tillsammans.

Vi har lärt oss att vårt samhälle måste förändras. Vi måste ha en beredskap på alla nivåer – från staten till individen. Vi måste ha ett skyddat och robust energisystem, vattensystem och livsmedelsproduktion. Vi måste bygga upp en kriskultur där vi förstår att alla har en roll att spela. Och vi har lärt oss att det viktigaste inte är vad vi har – utan vad vi ger. Den som ger av sin tid, sin kunskap och sitt stöd till andra, är den som kommer att överleva bäst.

Det nya samhället
Ett val vi måste göra nu

När den här krisen var över, visste vi att ingenting skulle bli som förut igen. Och det var en bra sak. För nu hade vi sett vad som händer när vi ignorerar vår beredskap. Nu hade vi sett vad som händer när vi tror att samhället alltid kommer att fungera och nu visste vi vad vi måste göra annorlunda. Det nya samhället kan bli starkare än det vi hade innan. Men bara om vi lär oss av det vi varit med om, bara om vi börjar bygga upp beredskapen nu. Bara om vi slutar se oss själva som isolerade individer och börjar se oss själva som en del av en större helhet.

Framtiden ligger i våra händer

Den här boken har berättat en historia om en kris. Men egentligen har den handlat om människor. Om hur vi förändras när allt faller samman. Om vad vi väljer att göra när vi står inför det värsta. Och om hur vi kan använda dessa insikter för att bygga något bättre.

Vi har ett val nu.

Vi kan gå tillbaka till hur vi levde innan – och ignorera vad vi lärt oss. Eller så kan vi bygga ett nytt samhälle, ett starkare samhälle, ett samhälle som inte bara överlever utan växer i motgångar.

Vad vi än väljer, en sak är säker:

Vi klarar det inte ensamma

Men tillsammans kan vi klara vad som helst

Författarens reflektion

Den här boken är den fjärde fristående boken i en serie som handlar om varför hemberedskap måste tas på största allvar. Varje bok har haft ett tydligt syfte: att belysa olika aspekter av hur vi som individer, familjer och samhällen måste förändra vårt sätt att tänka och agera när det gäller vår egen beredskap. Två av böckerna har gett oss en inblick i vanliga människors liv – människor som bor i vanliga bostadsrättsföreningar, människor som har gått från att ta samhällets funktioner för givna till att förstå att grannsamverkan i kris är det som kommer att göra skillnad. Den tredje boken har visat att hemberedskap inte är en enkel fråga om att ha ett förråd av mat och vatten, utan att det finns många nivåer av förberedelser. Den viktigaste insikten vi kan ta med oss från allt detta är att: Vi kan inte längre förlita oss på att samhället kommer att kunna rädda oss i en kris. Vi måste börja bygga upp en beredskap själva – och vi måste göra det nu.

Hur länge måste vi klara oss själva?

Det optimala vore om varje hushåll i Sverige kunde klara sig helt självständigt i minst en månad, utan någon form av extern hjälp från samhället. Men om vi hamnar i en krigssituation, handlar det inte längre om veckor – det handlar om månader eller år. Vi behöver bara titta på Ukraina för att förstå detta. De som var förberedda, de som hade en plan, de som hade en gemenskap – de hade en bättre chans att klara sig. De som stod ensamma, utan resurser och utan ett nätverk – de fick kämpa på ett sätt som vi inte ens kan föreställa oss.

Vi kan inte blunda för detta längre

Det är dags att vi slutar skjuta upp det och börjar göra något idag – inte imorgon.

Microberedskap – Vägen framåt

Ett av de mest konkreta sätten att förändra vår sårbarhet är att börja bygga upp microberedskap i våra egna bostadsområden. Detta innebär att vi inte bara fokuserar på vår egen individuella beredskap, utan också på hur vi kan skapa en starkare gemenskap där vi bor. Bostadsrättsföreningar och hyresvärdar kan bli de första hubbarna för detta. Tänk om varje bostadsrättsförening hade en gemensam kriscontainer fylld med det viktigaste för att klara en kris? Tänk om varje fastighet hade en tydlig plan för hur grannarna skulle kunna hjälpa varandra vid en nödsituation? Tänk om varje kvarter hade en lokal samverkansgrupp som tränade på att hantera kriser tillsammans? Detta är inte science fiction. Detta är något vi kan börja med redan idag. Och det kommer att göra hela skillnaden när den dagen kommer då vi verkligen behöver det.

Framtiden är vårt ansvar

Vi står vid ett vägskäl, vi kan välja att ignorera allvaret och hoppas att samhället aldrig kommer att testas på riktigt. Eller så kan vi inse att det är vårt ansvar att skapa en tryggare framtid – genom att börja bygga upp vår beredskap, både som individer och som samhälle. Vilken väg vi väljer, kommer att avgöra hur vi klarar oss när nästa kris slår till. Och den krisen kommer.

Vi vet bara inte när

Det är därför vi måste agera nu – innan det är för sent.

Tillsammans är vi starka

Om det är en sak du tar med dig från denna bok, låt det vara detta:

Ingen överlever en kris ensam. Men tillsammans kan vi bygga något som gör oss starkare än vi någonsin varit förut.

Och det börjar med dig - Idag

Johan Falk
HemmaBeredskapscoach

FSC
www.fsc.org
MIX
Papper från
ansvarsfulla källor
Paper from
responsible sources
FSC® C105338